I0023133

Stephen Return Riggs

**Dakota Odowan**

Hymns in the Dakota language, with tunes

Stephen Return Riggs

**Dakota Odowan**
*Hymns in the Dakota language, with tunes*

ISBN/EAN: 9783337083601

Printed in Europe, USA, Canada, Australia, Japan

Cover: Foto ©Thomas Meinert / pixelio.de

More available books at **www.hansebooks.com**

# DAKOTA ODOWAN.

---

# HYMNS

IN THE

# DAKOTA LANGUAGE.

WITH TUNES.

EDITED

## BY S. R. RIGGS, A. M.

MISSIONARY OF A. B. C. F. M.

PUBLISHED BY THE
## AMERICAN TRACT SOCIETY,
NEW YORK: 150 NASSAU-STREET.
BOSTON: 28 CORNHILL.

"Jehowa yatan po; iye caje kin hoyekya po. He idowan po, odowan kabiyaya miye."

# ODOWAN WOWAPI.

## *PRAISE TO GOD.*

OLMUTZ. S. M.

Arranged from a Gregorian
Chant, by L. MASON.

1 Your harps, ye trembling saints, Down from the willows take;
2 Though in a foreign land, We are not far from home;

3 His grace will to the end Stronger and brighter shine;
4 Blest is the man, O God, That stays himself on thee;

Loud to the praise of love divine, Bid ev'ry string awake.
And nearer to our house above, We ev'ry moment come.

Nor present things, nor things to come, Shall quench the spark divine.
Who waits for thy salvation, Lord, Shall thy salvation see.

## OLD HUNDRED. L. M.

1. From all that dwell be - low the skies Let the Cre-

2. E - ter - nal are thy mercies, Lord, E - ter - nal

a - tor's praise a - rise, Let the Redeem - er's

truth at - tends thy word; Thy praise shall sound from

VARIED.

name be sung Thro' ev' - ry land, by ev' - ry tongue.

shore to shore, Till suns shall rise and set no more.

4

# 1. *L. M. Old Hundred. Jehalah.*

PSALM 51. IYOPEIÇIYAPI.

1. Jehowa onximada wo,
Nitowaonxida kin on;
Wawaeinkta duza tanka
Heon cantomahnaka wo.

2. Wacicirtani, niye en,
Heeen mayadaco kinhan,
Kakix mayaya hecinhan,
Owotanna cidake kta.

3. Wawartani sdonmiçiya;
Ecinxniyan ecamon kin,
Hena makipakinta wo;
Pipiya mayujaja wo.

4. Woartani kajuju kin
Takudan rin okihi xni;
Jesus we kin heceedan
Wawartani pakinte kta.

5. Wowicake cuwi mahen
Wakantanka waxte daka;
Wicoksape owotanna,
Cante teca micaga wo.

6. Tuwe waraniçida kin
Wakantanka awacin xni;
Tona cante kicaksapi
Hena iyonicipipi.

7. Dehan iyopemiçiye;
Nicinkxi on ni mayan wo;
Hecen nitowaonxida
Ohinniyan wahdatan kta.

8. Tona tpaza onunipi
Nitoope wicaqu wo;
Heon oyate nitawa
Iyuxkin wicayaye kta. **T. S. W.**

5

## HEBRON. L. M.

L. MASON.

Thus far the Lord hath led me on, Thus
far his pow'r prolongs my days; And ev' - ry eve - ning
shall make known Some fresh memorial of his grace.

## 2. *L. M. Hebron.*

PSALM 15.

1. Wakantanka yati waxte
Tuwe he en ounye kta ;
Marpiya re wakan akan
Niyeci ti kta he tuwe.

2. Tuwe oran owotanna,
Waraniçida xni yan un,
Qa oitonxni wanica,
Nioie anagoptan.

3. Qa napixtanyan wanica,
Tuwedan en aie xni,
Aiapi naron exta
Tuwedan okiyake xni.

4. Tona Jesus wacinyanpi
Hena waxte wicadaka ;
Jehowa ihaktapi xni
Kin hena ix ihakta xni.

5. Iyaonpepica xni yan
Ohini mani un, tuka
Iye oran wacinye xni,
Jesus oran wacinyan un.

6. Tuwe ecen econ kinhan
Maka sutaya mani kta,
Hehan marpiya re akan
Jehowa om ounye kta..     T. S. W.

---

## 3. *L. M. Hebron.*

1. Wakantanka waxaka ce,
Okonwanjidan kin hee,
Owotanna, wicaka ko,
Hecen wacinunyanpi nun.

2. Iye waonxida keye,
Iyotan ksape ça waxte ;
He otokake wanin un,
Qa owihanke wanica.     S. R. R.

7

## WINDHAM. L. M.

READ.

Broad is the road that leads to death, And

thousands walk to - geth - er there; But wisdom shows a

narrow path, With here and there a tra - vel - ler.

8

## 4. L. M. Windham.

PSALM 67.

1. Wakantanka onximada,
   Qa hena unyuwaxte po;
   Nitohnake hduwiyakpa,
   Qa he hiyohi unyan po.

2. Nitacanku maka akan,
   Heon tanyan sdonyapi kta;
   Woehdaku nitawa kin,
   Oyate opeya un kta.

3. Oyate kin hiyeye cin
   Hena inidowanpi kte;
   Ho wo, Wakantanka waxte
   Owas' inidowanpi kta.

4. Oyate wiyuxkinpi kta,
   Qa wiyuxkin dowanpi kte;
   Wicoran on wicadaco,
   Oyate onipapi kta.

5. Maka akan waskuyeca
   Tawaya aicage kta;
   Wakantanka, Wakantanka
   Unkitawapi, hecetu.

6. Wakantanka unyuwaxtem;
   Maka kin owihanketa,
   Hena en anokatanhan,
   Heci wokokipe kta ce. A. R.

---

## 5. L. M. Windham.

Wiconi de ihakamya,
Wiconi wan waxte yanka,
Marpiya sanpa heciya,
Wakantanka itokamya.

1* 9

## UXBRIDGE. L. M.

Say, sin - ner, hath a voice with - in, Oft
whisper'd to thy se - cret soul, Urged thee to leave the
ways of sin, And yield thy heart to God's control?

**6.** *L. M. Uxbridge. Anpetu wakan.*

1. Anpetu de Wakantanka
Yuwakan qa yuwaxte ce;
He on ohoundapi qa
Pidaya ahounpapi,

2. Wicaxta akantupi kin
Anpetu de tawapi xni;
Anpetu de Wakantanka
Okirpe ça, wakan kaga.

3. Nakun Jesus anpetu de
Kini qa he on yuwaxte,
He on ahopapi ece,
Qa ohinni wakandapi.

4. Wakantanka oie kin
Dehan awauncinpi ce,
Wicoope unqupi kin
Onspeunkiçiciyapi.

5. Untonananpidan tuka,
Jesus unkatonwanpi kta.
Ceunkiyapi kinhan he,
Iye naron yanke kta ce.

6. Dehan wicaxta otarin
Widwitaya hiyeye cin
Wocekiye eyapi qa,
Jesus ninar idowanpi.          s. w. r.

**7.** *L. M. Uxbridge. Alfreton.*

PSALM 148. WOYATAN ODOWAN.

1. Wakantanka yaoniham,
Marpiya cciyatanhan;
Tona Wakan eyapi kin,
Itancan kin idowan po.

2. Marpiya kin taokiye
Iyurpa rin idowan po;
Wicayuhapi tonaka,
Niyuhapi datanpi nun.

11

3. Anpetu wi, hanyetu wi,
   Wakantanka idowan po;
   Iyoyanpa wicanrpi kin,
   Icar niyanpi yatan po.

4. Wakantanka tamarpiya,
   Jesus kahiyayapi, qa
   Marpiya kin iwankam un,
   Itancan kin idowan po.

5. Marpiya ta Wakantanka,
   Icar niyanpi kin hee ;
   He oie eciyatan,
   Owasin rin sutaya han.

### IYOKIHE.

6. Maka akan ounye cin,
   Wasu, qa minibozan ko,
   Tateyanpa, qa peta kin,
   Imnija re, paha nakun ;

7. Rante, qa can waskuyeca,
   Wanuyanpi, qa woteca,
   Zitkadan, qa watutka kin,
   Wakantanka idowan po.

8. Maka wicaxtayatapi,
   Oyate kin hiycye cin,
   Tonakiya itancan un,
   Maka akan wayaco ko ;

9. Tona koxka, wikoxka kin,
   Wicarinca, xiceca ko,
   Iye caje wowinihan,
   Owasin he idowan po.

10. Jehowa Jesus towitan,
    Marpiya kin iwankam un,
    Oyate tona tawa ya,
    Iyotan rin idowan po.          S. R. R.

12

**8.** *Wakantanka cekiyapi.*

1. Wakantanka kin,
Nihukuya unyakonpi kin,
Ekta ahitonwan,
Oyate kin dena,
Hena nitawa kin,
Owasin wanhdaka wo;
Nitowaonxida
Wawiyohiya.

2. Wakantanka kin,
Wankan nanke cin heci,
Houwaye kta ce;
Onximakida wo;
Tanyan namaron wo;
Nitowaxake kin he
Inawape kta ce,
U makiya wo.

3. Taku waxte
Nitawa kin wanji,
Yuha wacinciya;
Wakantanka yanka,
Cinhintku kin niye,
Wacinunniyanpi kte;
Anpetu iyohi,
Undowanpi kta.

4. Nitowakan kin
Maka kin de ahdeya,
Aohdute yaya,
Nakun mniwanca kin,
Nakun marpiya kin;
Oyate kin owasin,
Nitowiyuxkin kin
Idowanpi kta.

5. O Krist cyapi,
Maka kin de akan,
Waonxida yahi;
Wicoope waxte
Unyakahipi kin
Waxte undapika ce;
Nitowiconi kin
Unyaqupi kta.

13

## VERNON. L. M.

Show pity, Lord; O Lord, for - give; Let a re-penting re - bel live: Are not thy mercies large and free? May not a sin - ner trust in thee?

14

**9.** *L. M. Vernon.*

1. Wakantanka ohoda po;
Okitaninyan un ece;
Wowaxake owasin rin
Nape ohna hduha yanke.

2. Taku aiyoka wakan
Kecinpi xta hecetu xni,
Wakantanka ecedan rin
Wakan rinca unyawapi.

3. Ixnana owancaya un,
Toni owihanke wanin;
Marpiya en, maka akan,
Towaxte kin hduotanin.

4. Owotanna manipi kin
Hena wicayuwaxte ce:
Xicaya oranyanpi kin
Hena kakix wicaye kta.     s. w. r.

---

**10.** *L. M. Vernon.*

1. Jesus iyotan cidaka,
Nicaje iyuxkin mayan,
Niwe on opemayaton,
He ohini weksuye kta.

2. Xogya cante mayakiye;
Mihduxice rinca tuka
Tawacin mayaduwaxte;
Niwe on mayadujaja.

3. Nioran iyomakipi;
Nicante waonxida ce;
Nioie wayuksapa,
Ocowasin niwaxte ce.

4. Nitawacin kin iyecen,
Tawacin mayaqu wacin;
Ciksuya waun kta ecen
Micante owotanna nun.     s. w. r.

15

## LUTON. L. M.

BURDER.

SECOND TREBLE.

I send the joys of earth away; Away, ye

FIRST TREBLE.

tempters of the mind, False as the smooth deceitful

sea, And empty as the whistling wind.

**11.** *L. M. Luton. Augusta.*

PSALM 113.

1. Wakantanka taokiye
Jehowa ahiyaya po ;
Caje wowitan tawa kin
Owihanke xni yatan po.

2. Marpiya towaxake kin,
Makowancaya towaxte,
Ohinniyan yuotanin ;
Jehowa yawaxtepi nun.

3. Wiyohiyanpata tanhan
Wiyorpeyata kin ekta,
Iye caje yatanpi nun,
Wakantanka Tehanwankan.

4. Wicanrpi kin iwankam ti,
Marpiya kin wanyake kta
Ihdukun, qa Adam cinca
Akantu awicatonwan.

5. Tona iyokixicapi
Ceyapi ca nawicaron,
Iyuxkinxkin wicaye kta.
Maka tanhan iwicacu.

6. Warpaya nin yakonpi kin
Oie kin naronpi kta ;
Iye icar unyanpi kin,
Jehowa ahiyaya po.           T. S. W.

---

**12.**

1. Wakantanka marpiya kin
Heciya nanka, taku ota yakaga,
Anpetu kin he owasin
Iwanhdag waonxiyada.

2. Nitaokiye oyate kin
Nitoye kin itokam yakonpi,
Qa taku waxte nitawa
Yaotanin ihduxkin unpi.

3. Anpetu hanyetu he koya,
Ohinniyan wowitan nitawa
Owihanke wanin wiconi
Hduha yakonpi kta ce.

4. Taku xica ecamon kin he,
He owasin wahdatanin kta ce;
Jesus we kin on pakinta wo;
Woartani kin hena on.

5. Ixta mnihanpe amau kin
He wandaka, onximakida wo,
Wakantanka waxte nanke cin,
Nixnana wacinciya.

6. Mini wan on wicadujaja,
He Baptem yakage cin hee;
Iyoyanpa nitawa kin he
Wiconi marpiya heci.

7. Maka akan oyate yeya,
He naron po; Wakantanka kin he.
Cinhintku kin he unqupi ce;
Yatan po, Jesus Krist oran. J. R.

---

## 13. 10[s].

1. Wakantanka kin owancaya un,
Qa ixnana owasin sdonya un;
Tona tacanku omanipi kin,
Hena waxte wicakidake kta.

2. Wakantanka awanmahdaka ye;
Woartani ehna waun, heon
Nioie iyomakipi kte;
Micante kin miciyuteca ye.

3. Kakixya waun e sdonyaye cin;
Nitawoahope owanuni;
Nitoksape ionximada ye,
Minagi kin wiconi yuhe kta.

4. Wakantanka tocanniye kin he
Kowakipa, he wowitonpe un;
Oie kin en mihduwaxte kta,
Hehan itohnake wanmdake kta.

5. Jesus woanarbe niwanica,
Tona waxte nidapi kin he en;
Qa tona waxte nidapi xni kin
He en woanarbe niçiye kta.

6. Wakantanka wowixten niyanpi
Hena wowixtece yuhapi kta;
Qa tuwe waxte nidake cin he
Wowaxtedake cin he yuhe kta.

7. Tona owotanna manipi kin
Hena nakun owotanpidan kta.
Jesus Krist he ohomnipi kinhan,
He woyacota iyayapi kta.                    J. R.

---

**14.** 11 s. *Imandra.*

1. Tokata anpetu owihanke kin,
Hen Jesus taninyan hiyu kte cinhan,
Wicaxta, xiccca ko xicapi kin,
Hena c owasin ixtecapi kta.

2. Tuka tona Jesus wacinyanpi kin,
Qa tawacin teca wicakagapi,
Hena c, owihanke wanin yeya,
Iyuxkin odowan hduha unpi kta.    G. H. P.

---

**15.** 11 s & 8 s. *Davis.*

1. Iyotan waxaka unkagapi kin
Pipiya yuonihan po;
Niwicaye tawa kin tankaya un,
Oyate wicayuwaxte.

2. Tokaheya Aberam oie naron,
Cinca ya wicota kin om;
Oyate ikceka kin heca nakun
He wanna iyuxkinpi qon.

3. Wicaxta wiconi erpeyapi qon
He Jesus opeton te hi,
Wicokakije wan unkagapi kin
He iye iyahdeyapi.

4. Nioran makata ecanon qon he
Inicidowanpi kta ce;
Wicaceji tona makata un kin
Pipiya niyatanpi kta.          G. H. P.

19

## ORFORD. L. M.

L. MASON.

SECOND TREBLE.

How sweet the light of Sabbath eve, How soft the

FIRST TREBLE

sunbeams ling'ring there: For these blest hours the

world I leave, Wafted on wings of praise and prayer.

**16.** *L. M. Orford. Windham.*

1. Canku wan cistiyedan riu
   Wiconi kin en iyahde,
   Heon wicaxta tonana
   Canku kin he iyeyapi.

2. Tuka wicotakunixni
   Canku wan tanka iyahde,
   Qa ohinniyan wicota
   Ohna iyayapi cee.

3. Jesus wiconi canku kin
   Wicota nunipi cee:
   He mix eya wanuni kta
   Ikowapa, ouximada.

4. Wicotakunixni canku
   He itchan ye mayan ye;
   Owotanna amayan wo,
   Wacinciya, ouximada.

5. Tohan wani kin hehanyan,
   Awanmayahdake kta ce;
   Ohinniyan nitoksape
   Etanhan mayaqu nunwe.

6. Hecen wicotakunixni
   Wicota en yapi exta,
   Miye nitowaonxida
   Kin he on ni mayaye kta.      s. w. p.

---

**17.** *L. M. Orford. Wells.*
      (Wakan kiciyuzapi.)

1. Wakantanka Itancan kin
   Iyuxkinyan idowan po;
   Wicowaxte kicidapi
   Ixnana kar okihi do.

2. Wakan kiciyuzapi kin,
   Jesus iyuxkin wicaya;
   Nakim awanicinpi kta
   Ionxiwicakida wo.

21

3. Canku waxte nitawa kin
   Tanyan sdonye wicaya wo,
   Qa tawacin wanjipidan
   Pida omanipi nunwe.

4. Nitoope maka akan
   Tanyan yuha yakonpi nun;
   Wicoranni econpi kin
   Ohinniyan akiptanpi.

5. Wiconi de ihunipi
   Kinhan, wowaxtedake kin
   Yuha yati waxte kin en,
   Sakim inidowanpi nun.          T. S. W.

_____

## 18.

1. Owihanke Wanica
   Itonmayape cin,
   Mioran kin tonakiya
   Iwanmayaka wo,
   Nitawakonze kin
   Ionximada wo.

2. Nitowaxte wakan wan
   Duhe cin he wacin;
   Yati waxte nanke cin,
   Cantowakpani ce.
   Nitawiyokiye kin,
   Tanyan wanyag mayan wo.

3. Canku wan owotanna,
   Yaonpe cin ohna,
   Misiha kin opeya,
   Wanahnaye wanin,
   Itonicipe xni yan,
   Katinsaya hibu qon.

4. Wicaxta akantupi,
   En ewacami xni;
   Ope mayawa xni, qa
   Imayacin xni wo;
   Minape kin takudan
   Ohnaka xni waun.

5. Waiçirtanipi
   Kowakipa tuka,
   Minagi kin hee do
   Ope maye xni wo;
   Tawatenwaye xni ee;
   Cantomahnaka wo.

6. Omniciye yuhapi
   En ewatonwe xni,
   Iyomakipi xni, qa
   Wocantahde waun;
   Niye iniyotan kin
   Wacinciya waun.

7. Ixta mnihanpe kin de
   Nina amau kin;
   Dehan nina waceye cin,
   Imayakonze, ça
   Ihakamya taku on
   Ocinyopemayan wo.

8. Maka kin den waun kin,
   Onximayada qon;
   Iyomakixice cin
   Heceedan tuka,
   Akihdeya dee ce,
   Onximakida wo.

9. Imayakiye cinhan,
   Yuhohopica xni,
   Heceen waun wacin, qa
   Onxiwaran waun;
   Owakihi hecinhan,
   Eceen ecamicon wo.

10. Dawid eciyapi kin
    Waonspekiya de;
    Wakantanka heye do;
    Iwanyag unxipi;
    Tuwe eceen econ kin
    Onxida kta, keye do.          J. R.

**RIPLEY. 8 & 7. Double.** Arranged from a Gregorian Chant, by L. MASON.

Je - sus, I my cross have ta - ken,
Na - ked, poor, des - pis'd, for - sa - ken,

D. C. Hu - man hopes have oft de - cciv'd me;

All to leave and fol - low thee; }
Thou from hence my All shalt be: } Let the world neg-

Thou art faithful, thou art true.

D. C.

lect and leave me, They have left my Sav - ior too:

D. C.

D. C.

24

## **19.** 8ˢ 7ˢ. *Ripley.*

1. Jesus Krist Wakannitanka,
   Jesus Krist winicaxta,
   Otokahe niwanica,
   Ohinniyan ni yaun :
   Tuka ni mayaye kte rin
   On nihduwarpanica ;
   Qa wicaxta niçicaga,
   Wawartani on niṭa.

2. Jesus Krist wicaxta xica
   Xicaya mcuwapi ;
   Can akan onicatanpi,
   Teriya ṭe niyanpi ;
   He wicaxta akantupi
   Okitpanipi, tuka
   Woartani kajuju kta
   On maka ckta yahi.

3. Woartani yakajuju,
   Can susbeca en niṭa ;
   Qa nitortani yahduxtan
   Hdutanin ake yani :
   Jesus Krist waxte mayada,
   On waxte cidake kta ;
   Oie waxte nitawa
   Nina iyomakipi.

4. Wanna hecen miçiconza,
   Micante ocowasin,
   On wowidag mayaye kta ;
   Niye en miçiçu kta :
   Niye on makiyuxepi,
   Xicaya makuwapi
   Kex nitowaonxida kin
   On nina imduxkin kta.

5. Jesus Woniya nitawa,
   He ionximada ye ;
   Jesus Krist nitoope kin
   He onspe makiya ye :
   Canku wan waxte nitawa
   He ohna mawani kta ;

Omakiya ye Itancan,
Wowidag mayaye kta.　　　T. S. W.

---

**20.** 8ˢ 7ˢ. *Ripley.*

1. Mioran kin owasin rin,
　Wakantanka sdonmayan;
　Imdotanka nawajin ko,
　He iwanmayaka un;
　Mitawacin tehan tanhan
　　Enapewaye xni xta,
　Iye wanna imayukcan,
　　He waakiktunje xni.

2. Canku waya owasin rin,
　Mitowinja he koya,
　Mihdukxanyan nix yaun kin,
　He kiksuya waun kta:
　Miceji kin token eya,
　　Hena nix nayaron ce;
　Mitokam qa mireyata,
　　Aohdute mayaye.

3. Ciksuya ca imanihan,
　Eca wasdonyaya ce;
　Eca owancaya yaun,
　Nacicipe pica xni;
　Wankan marpiya kin heci
　　Mda exta, heci yaun;
　Maka mahen imunka xta,
　　Niixta hen hiyohi.

4. Anpao rupahu waya
　Mniwanca iyuwerya
　Dus kinyan nacicipa xta,
　Ninape yus maun kta;
　Otpaza oinawarbe
　　Kepa xta hecetu xni;
　Anpa kin otpaza kici
　　Akidecen dawa ce.

5. Wowinape mayaqu kin
　He anawape kta ce;
　Jesus woxna mayaqu kin,
　Jesus on ouximada;

Mitawacin mayuteca,
   Nicinkxi waciuwaya;
Miorau kin tona xica
   Hena erpemakiya.        G. H. P.

---

**21.** 8ˢ 7ˢ. *Ripley.*

1. Jesus Krist nitowaxte kin
   Woptecaxni mayaqu;
Wopida iyotan tanka,
   On waxte cidake kta;
Tuka iyociwaja xni;
   Wowaxte mawanica;
Wowaxte mayaqu kin he
   Owasin nitawa kta.

2. Niye on tan comakadan,
   On ihamaktapi xni;
Qa takuwicawaye cin,
   Owas erpemayanpi
Xta, nitowaonxida kin
   He sdonye mayaye cin,
Wowiyuxkin wan iyotan,
   Nix takumayaye kta.

3. Jesus Krist takumayaya,
   Wowitan wadake kta;
Wowitan wicaxta qupi,
   Wowijice owasin;
Hena wacinyepica xni,
   Ijehan mahnayanpi;
Jesus nix wacinye pica,
   Nix nana wicayaka.

4. Wowitan tanka nitawa,
   Sdonye mayaye cin on,
Ayaxtan xni ciyatan kta,
   Ocinyopeciye kta:
Token econ mayaxi kin
   He ecen ccamon kta;
Wanna token miçiconza,
   Jesus omakiya ye.       T. S. W.

## NASHVILLE, L. P. M.

Arranged from a Gregorian
Chant, by L. Mason.

I'll praise my Maker with my breath; And when my voice is lost in death, Praise

shall employ my nobler pow'rs; My days of praise shall ne'er be past, While

life, and thought, and being last, Or im-mor-tal - i - ty endures.

28

## 22. Nashville.

1. Wakantanka yawaxte po;
Tohan niya waun kinhan
Jehowa kin mdawakan kta,
Micante ocowasin on,
Wanagiyata mda exta,
Tohan yeye hepe kta ce.

2. Wicaxta kin waxaka xta
Ni un kte cin okihi xni,
Ecadan owihankepi;
Wacinwicaye pica xni,
Oie yapi ota xta,
Hducectupi kte xni ce

3. Tuwe marpiya kage cin,
Maka miniwanca ko kaga,
Hce wacinyanpi waxte;
Owihanke wanin yeya
Iye eca waonxida,
Oie kin hducectu.

4. Wiwazica, wamdenica,
Cante xicapi ko, hena
Tanyan ahiwicatonwan;
Takuya wanin unpi kin,
Wayaka kiyuxepi ko,
Hena onxiwicakida.

5. Wacinyan unpi kin hena
Tanyan sdonwicaya yanka;
Hena cante wicakiya:
Wicaceji hiyeye cin,
Wicoicage owasin
Jehowa nina yatan po.          G. H. P.

## 23.

1. Wakantanka taku nitawa
Tankaya qa ota;
Marpiya kin eyahnake ça

Maka kin he duowanca,
Mniowanca xbcya wanke cin,
Hcna oyakihi

2. Nitawacin waxaka, wakan,
On wawicaryaye;
Woyute qa wokoyake kin,
Woyatke ko iyacinyan,
Anpetu kin otoiyohi
Wawiyohiyaye.

3. Adam ate unyanpi kin he,
Woope wan yaqu;
Woope kin he awartani qon,
Miyc dchan teriya waun,
Jesus onximayakida qa
Miyccicajuju.

4. Anpetu wan en yahi kin he
Woartani tanka,
Oyate kin hiyeye cin he
Iyoyanpa wicayaya;
Jesus waonxiyakida kin
Unniyatanpi kta.

5. Wicoran wan unyaqupi kin
Jesus amatonwan;
Woyute wan woyatke ahna
Mayaqu kin yuwaxte wo;
Unnagipi untancanpi ko
Unyuecetu po.

6. Micerpi kin woyute yapi
Itancan kin dee,
Mawe kin he woyatke wakan,
Ehe ciqon, wacinwayc:
Nitatiyopa he wacin,
Jesus onximada.

7. Woehdaku nitawa kin he
Minagi kin qu wo;
Marpiya kin iwankam yati,
Wicowaxte yuha nanka,
Wiconi kin he mayaqu nun,
Owihanke wanin.

30

## 24.

1. Anpetu wakan kin de,
Wiyuxkinyan un po;
Wakantanka yanke cin
Taanpetu kin dee:
Anpetu xakpe he cn,
Taku tanyan hduxtan;
Hehan anpetu dee
Hduwaxte qa yuwakan.

2. Tona warpanica kin
Wiyuxkinyan un wo;
Wakantanka nitawa
Towaxte kin tanka;
Lazar warpanica qon
Wanna heciya i,
Jesus ti kin en un qa,
Wiyuxkinyan dowan.

3. Tona warpanica kin,
Lazar tawacin qon
Opeya wicoran kin
Aihduha un wo;
Abeham maku kin cu
Kiciya omani;
Wakantanka towaxte
Lazar tawa kiya.

4. Tona wacinton xni kin,
Taku wacinyan wo:
Wokicanpte nitawa,
Marpiya kin heciya,
Wakantanka yanke cin
Marpiya wakan kin,
Iwahoniye ciqon,
Wiyuxkinyan un wo

J. R.

## ORTONVILLE. C. M.

Ma - jestic sweetness sits enthron'd Upon the Savior's

brow: His head with radiant glories crown'd, His

lips with grace o'erflow, His lips with grace o'erflow.

**25.** *C. M. Ortonville.*

TECA NI EN TONPI KIN.

1. Teca nien matonpi kta ;
Marpiya kin ckta,
Wiconi en owape kta ;
Keya Wakantanka.

2. Teca nien matonpi kta,
He kaketu kta ce ;
Wakantanka Taniya kin
Mayuteca kta ce.

3. Teca nien matonpi xni ;
Wawartani kin on,
Wiconi kin wanyake xni,
Kakix waun kta ce.

4. Teca nien matonpi xni ;
Wankan wai kte xni ;
Wakanxica mayuhe kta,
Keya Wakantanka.

5. Teca nien untonpi kta,
Tokin unkeeinpi ;
Wakantanka Cinhintku kin
Unyuhapi kta ce.             S. R. R.

---

**26.** *C. M. Ortonville.*

JESUS WACINYANPI.

1. Mioran qon weksuya ca
Iyopemiçiye,
Tuka nihinmiciye xni,
Jesus wacinwaye.

2. Wiconi den icijchan,
Cante maxice kta,
Tuka wikowape kte xni,
Jesus wacinwaya.

3. Wakanxica eyapi kin
Makipajin ece,
Tuka kowakipe kte xni,
Jesus wacinwaye.

4. Wicaxta akantupi kin
   Toka mayanpi xta
   Kopehda xni waun kta ce,
   Jesus wacinwaya.

5. Tohan wani kin hehanyan
   Makakija nace;
   Tuka wikope xni waun,
   Jesus wacinwaye.

6. Wowinihan itancan kin
   He awakipe kta;
   Tuka imanihan kte xni
   Jesus wacinwaya.

7. Wakantanka mioran kin
   Imawange kta ce;
   Tuka yuxinyemaye xni
   Jesus wacinwaye.          s. w. r.

**27.** *C. M. Devizes.*

WOHDUZE ODOWAN.

1. Jesus nitowaonxida,
   Unkiksuyapi ca,
   Hanyetu en niţe cin he,
   Taku wowinihan
   Awauncinpi ce.

2. Niyate ti waxte ckta,
   Wiconi wan duha,
   Yatpagan qa ţe niçiye,
   He woartani kin
   Yakajuju kta ce.

3. Hanyetu kin he nicihi,
   Iyokixin yaun;
   Wicaxta kin wartanipi
   Yuha duxake, ça
   Wiconi yakaga.

4. Aguyapi iyacu qa,
   Wocekiyc cha;
   He niyc on kiyuxpapi,
   Mitancan kin dce,
   Owasin yuta po.

5. Hchan wiyatkc duwaxtc,
   Qa he wicayaqu;
   Mawc kin de papsonpi kin,
   Wicoun tcca en;
   Owasin yatkan po.

6. Hena hcha naunronpi,
   Nioie kin en;
   . Decen unniksuyapi kta,
   Yahi xni hehanyan,
   Ionxiunkidam.                    S. R. R.

---

**28.** *C. M. Devizes. Ortonville.*

1. Wakantanka cinhintku kin
   Eca waonxida;  .
   Niunkiyapi kta he cin,
   Makata hi qa ṭa;
   Hchan ake kini.

2. Jesus maka akan un qa,
   Waunrtanipi kin
   Ayuxtan unkiyapi kta,
   Oie unqupi;
   Awauncinpi kta.

3. Unkihduxicapi tuka,
   Ihaunkiktapi;
   Tancan waiçihduxna qa,
   Unyuwaxtepi ktc;
   Pida unkiyapi.

4. Wiconi hanskc cin yuha
   Awacinpi waxtc;
   Jcsus inaunpapi kta,
   Unyuwaxtcpi ktc;
   Unhnayanpi ktc xni.          G. H. P.

35

## THERE IS A FOUNTAIN. C. M. L. MASON.

There is a foun-tain fill'd with blood, Drawn

from Imman - uel's veins; And sin - ners, plung'd be-

neath that flood, Lose all their guilty stains, Lose all their guilty stains.

**29.** *C. M. Amenity.*

PSALM 27.

1. Taku wanji awakita,
   Jehowa ti kin he;
   Tohan wani kin hehanyan
   Ohna manke kta ce.

2. Nitawakeya ti mahen
   Iyaa nawaron;
   Nitowaxte wanmdake kta,
   Iouximada ye.

3. Mitoye kin akita po;
   Ehe ciqon hehan,
   Nitoye kin owade kta,
   Minagi kin eya.

4. Wowinape ciyuhe kta;
   Wokokipe eca,
   Tóka mayanpi etanhan
   Namayarbe kta ce.

5. Tohan iyokixin waun,
   Erpemaye xni ye;
   Ina amayuxtan exta
   Jesus miksuya ye.

6. Canku waxte nitawa kin
   Ohna ye mayan ye;
   Nitowaonxida kin on
   Wacinciye kta ce.            T. S. W.

---

**30.** *C. M.*

(WOYATAN ODOWAN.)

Ate yapi, Cinhintku kin,
Qa Woniya Wakan,
Hee qon, hee kta, hee,
Okinihan nunwe.            S. R. R

37

LANESBOROUGH. C. P. M.     ENGLISH.

There is an hour of peaceful rest, To

mourning wand'rers giv'n; There is a joy. for

souls dis - tress'd, A balm for ev' - ry

38

**LANESBOROUGH.—CONTINUED.**

wound - ed    breast; 'Tis    found    a - lone in    heav'n.

---

## 31. *C. M. Lanesboro'.*

1. Jesus Mesiya kin niye,
   Ohonidapi kta;
   Nitawokoyake waxte
   Koyag wicayaya.

2. Nitan okxan yakonpi kin,
   Inidowanpi ce:
   Nitohnake wiyatpa kin, ,
   Iniyuxkinpi ye.

3. Opewicayakiton qon,
   Hena niyatanpi;
   Nitowaxake kin hcon,
   Ohiye hiyupi.

4. Caje teca wicayaqu;
   Watexdake waxte,
   Qa anpao wicanrpi kin,
   Yuhe wicayaye.

5. Jesus marpiya cn nanka,
   Hen ope mayan ye;
   Nitowiconi kin yuha,
   Icidowan kta ce.          S. R. R.

**32.** *C. M. Dunlap's Creek*

PSALM 117.

1. Jehowa ahiyaya po,
   Oyate owasin ;
   Iapi kin hiyeye cin,
   Jehowa yatan po.

2. Wakantanka wicaka ce,
   Waonxida waxte ;
   Cinhintku unqupi, heon
   Jehowa yatan po.            T. S. W

---

**33.** *Conway. Lanesboro'.*

1. Wakantanka Nitoksape
   Unyaqupi nunwe ;
   Nioie waxte wada,
   Nitacanku owotanna,
   Ohna mawani kta.

2. Woartani ecamon kin
   Iyopemiçiye ;
   Jesus Nicinkxi we kin en,
   Tancan mayadujaja nun,
   Makipakinta ye.

3. Cante oze mayuteca,
   Mitawacin koya ;
   Wokoyake nitawa kin,
   Maka akan yakage cin,
   Koyag mayaye kta.

4. Hecen Ate tanyan waun
   Wacinciye kta ce ;
   Wiconi owihanke xni
   Yuha, anpetu iyohi,
   Ionximada ye.            S. R. R.

## 34.

1. Wakantanka Wayakonze ein
Taku teri tokaheya,
Nicinkxi kin tokaheya
Wayakonza icantayahde ;
Maka akan oirpaye ein,
Hecen cha, tanyan hduxtan.

2. Wiconi wan piya yakaga,
Anpe dehan mahiyahde :
Marpiya kin eeiyatan,
Nitaniya Wakan n yaye ;
Wiconi wan waxte yakaga,
Unkix eya onxinndam.

3. Wokakije wanin wann nun,
Wakantanka omakiya ;
Tipi kin de nitawacin
Suta wanji hiyorpaye ya ;
Taku onxi iyeye ein wan,
Hena koya amatonwan.

4. Wowapi wan yakage ein wan,
Tona en un wakan wada ;
Wakantanka eeiyapi,
Marpiya kin iye kaga un,
Maka kin wan nakun kage ça
Wicaxta kin hena koya.

5. Wicoxkanxkan tuwe kaga he,
Wakantanka kin hecen eya,
Woahope wikeemna kin
Tuwe tanyan okihi eca,
Wiconi wan owihanke xni,
Marpiya kin ekta yanka.

6. Wohduze wan yakage ein wan
Maka dehan owakihi,
Tiyohnaka mitawa kin,
Yuwitaya ionximada :
Mitancan kin piya sutaya,
Minagi kin tanyan un nun.

41

7. Taku xakpc unkicagapi,
Wacin ksamya awacin po;
Ixakowin anpetu kin,
Taku Wakan iyc tawa un;
Yuwitaya dukanpi nunwe,
Wakantanka cekiya po.

## 35.

1. Wakantanka Nitawakonze kin
Owihanke wanin waxte;
Tuka wiconi kin dc ptenyedan
Unyaqupi kin tanyan un nun;
Qa ihakamya wiconi suta wanji
Opeya unyanpi kte, onixmada.

2. Wakantanka marpiya kin heci
Wicowaxte wan yuha yanka;
Ate Jesus Krist nitawohduze kin
He ohinniyan mayaqu nun;
Mitancan kin dc niye nitawa qon,
Tohan yacin kinhan hchantu nun.

3. Wiconi wan marpiya kin heci
Ate Jesus he unqupi nun;
Tuka itokam wiconi wan ptecedan
Unqupi kin hc piwecida;
Wakantanka hena tawakonzc,
Hena wakan wada, onximada.

## 36.

1. Wakantanka he ixnana
Maka kin de he kaga ce;
Taku akan aicage cin
Tawakonzepi hecen kaga.

2. Wakantanka taku wanji
Terinda kin hc dec ce,
Ihnuhan taku ayakage cin;
Hc taku xica ecanon kta.

3. Wakantanka token econ
Unxipi kin he dee ce,
Tuwe canniyeniye cinhan,
Itkom taku waxte econ wo.

4. Tuwe napin okihi kin
Taku waxte wanyake kta;
Taku wacinyanpi ota kin,
Wanji ohiiçiye kta ce.

5. Tuwe napin yukcan kinhan
ˉTawacin kin wanjidan kta,
Wakantanka kin Cinhintku kici
Tawakonzepi awacin kta.

6. Tuwe tohan naron eca,
Awacin kin hecen waxte;
Taku wakan kin wanica ce,
Wakantanka kin hecedan ce

7. Cinhintku kin he unqupi;
Wacinunyanpi kta hecon.
Cinhintku kin taku kage cin
Owasin waxte ce, eya ce.          J. R.

---

## 37.

1. Owihanke Wanin Wakantanka,
Micante wahduwankantuya xni
Miixta kin heon witonwapa;
Taku tanka hecen mihdawa xni.

2. Miye cinka taku ccamon xni;
Hokxiyopa azin erpeye cin,
Qa hunkake wanwicahdake cin,
Hecen minagi mihduccetu xni.

3. Oyate kin he anagoptan po;
Owihanke Wanica towaxte,
Hena on wanna detanhan kta ce,
Qa nakun hena ohinniyan kta.          A. R

43

## CHINA. C. M.

Why do we mourn de - part - ing friends, Or
shake at death's a - larms? 'Tis but the voice that
Je - sus sends To call them to his arms.

## **38.** *C. M. China.*

1. Jesus waonxida nanke,
   Wawapidakiye,
   Maka marpiya kin kici
   Iciyahde yaye.

2. Wiconte kin mahen tanhan,
   Ni wicayaye kta;
   Niwe kin he yatpapson qa,
   Cuwi canipapi.

3. Marpiya kin, maka nakun,
   Nakun mniwanca kin,
   Ohnaka kin owasin rin,
   Wicayuxinyaya.

4. Ohonidapi xni tuka
   Hecawicayecon;
   Xica econpi sa tuka
   Ni wicaye yacin.

5. Waonxida oranye cin
   Unkeyapi eca,
   Wakantanka Cinhintku kin
   Unnicapi ce kta.                     G. H. P.

---

## **39.** *C. M. Twenty-fourth.*

1. Anpetu wan nitawa kin,
   Wakantanka Ate,
   Weksuye ça wakan wada,
   Ionximada ye.

2. Wicortani owasin rin,
   Anpetu xakpe en,
   Ecamon, qa ixakowin
   Owakirpe kta ce.

3. Wicoxkate ecamon kin,
   Hehan ecamon xni;
   Wocekiye eyapi kin,
   En owape kta ce.             S. R. R.

## 40. *C. M. China.*

(WICAHNAKAPI ODOWAN.)

1. Takuwicunyanpi ṭapi,
     Awicunceyapi;
   Qa unyuxinyayapi kin;
     Token on etanhan;

2. Jesus hecen wicakipan,
     Iye ti kin ekta;
   Adoksohan wicahduza,
     Cante wicakiya.

3. Unkix nakun wankantuya
     Oranko unyanpi,
   Waxte undakapi en,
     Inaunrnipi kta.

4. Tancan wicunkihnakapi
     Tanyan ixtimapi;
   Nagipi kin Jesus kici,
     Nina wiyuxkinpi.

5. Jesus tancan hnakapi qon,
     Tona wicakapi,
   Ohna wicahnakapi kin
     Wicayuwaxte ce.

6. Iye tancan ake kini,
     Atkuku en kihda;
   Unkix eya uncerpipi
     Heci unyanpi kta.          T. S. W.

---

## 41. *C. M.*

1. Wakantanka owanca un,
     Marpiya kin ekta;
   Maka kin den tukten manke,
     Miye wanmayaka.

2. Anpetu kin, hanyetu ko,
     Ekta mahitonwan;
   Iwac cin owasin rin,
     Ecen namakiron.          S. R. R.

## 42. *C. M.*

Wakantanka Ate yapi,
  Cinhintku yapi, qa
Wakan Woniya kin hena,
  Okonwanjidan un.       S. R R.

---

## 43.

1. Wakantanka token oranyan
  Waun kin henakiya sdonya;
Miye oyate mixnana
  Taku ituya wakaga.

2. He etanhan onmaxike cin
  Wahdukean, xitkihdaya waun;
Woartani ecamon kin,
  He etanhan mayadaco.

3. Wakantanka wociciyake;
  Onximada, ceciciye kta ce;
Taku xica ecamon kin
  Jesus Krist we on pakinta.

4. Untancanpi wanna owasin
  Nitawa, takuwicunyanpi
Nakun wanna nitawa,
  Hena onxiunkida po.

5. Wicaxta kin tuwe he yuha
  Ni un kta. Wakantanka waxte,
Nicinkxi we kin mayaqu;
  Nakaha heon wani kta.

6. Wiconi kin waxte yakaga
  Unyaqupi, Jesus Krist he niye,
Wocekiye kin uwaya
  Wakantanka imicicu.

7. Marpiya kin eciyatanhan,
  Ahitonwan yakidotanke, ça
Wicaxta nitawa owasin
  Taku wiyeya yehnaka.      J. R.

## BALERMA. C. M.

BOST. ACAD. COL.
by permission.

1 O for a clos - er walk with God; A calm and

2 Where is the bless - edness I knew When first I

heav'n - ly frame; A light to shine - up-

saw the Lord? Where is the soul - re-

on the road That leads me to the Lamb!

fresh - ing view Of Je - sus and his word?

48

**44.** *C. M. Balerma.*

1. Wakantanka Cinhintku kin
   Makata hi xni kin,
   Wiconi unhapi kte xni,
   Wakantanka eya.

2. Jesus wacinyanpi kin,
   Iye token un kin,
   Unkicicapi kta keya,
   Marpiya kin heci.

3. Untancanpi kin ta exta,
   Hee taku kte xni;
   Jesus wacinyanpi kin he
   Iye te cin heon.

4. Tona wacinyanpi xni kin,
   Woartani hduha,
   Ohinni wiconte wan cn
   Iyeiçiyapi.

5. Wakantanka oyate kin
   Cantewicakiye,
   Qa Cinhintku kin wicaqu,
   Heon wicani kta.

6. Tona wicadapi kinhan,
   Wicayaco kte xni;
   Tona awacinpi xni kin
   Hena wicayaco.                A. R.

---

**45.** *C. M.*

1. Jesus mitakuye waxte,
   Waxte cidake kte;
   Minagi qa micante on
   Iciyuxkin kta ce.

2. Nitowakan, nitowaxte,
   Ionximada ye;
   Iyecen mayakage kta,
   Heon wacinciye.                S. R. R.

## ROCHESTER. C. M.

Sin - ners, the voice of God regard! His

mer - cy speaks to - day; He calls you, by his

sovereign word, From sin's destructive way.

**46.** *C. M. Rochester.*

PSALM 23.

1. Jehowa Waawanhdake
Mitawa kin hee;
Heon iwicakakije
Wanin waun kta ce.

2. Peji toto wanke cin en,
Iwanke maye kta;
Wiconi mini rdoka kin,
Icahda ye mayan.

3. Minagi kin yuccetu,
Iye caje kin on;
Wicoowotanna canku
Omani makiya.

4. Wiconţe en ohanzi kin
Ehna mawani kex,
Wokokipe wanin waun,
Mici yaun nakax.

5. Qa tóka maye cin hena
Ekta wo mayaqu;
Wihdi on pa sda mayaya;
Woyatke mici han.

6. Wicowaonxida waxte
Wani mayuhe kta;
Jehowa ti kin en manke,
Anpetu hanske kta.                     S. R. R.

---

**47.** *C. M. Twenty-fourth.*

Maxice ça wawartani,
Mayadaco kinhan,
Wicotakuni xni ekta,
Iyemayaye kta.

---

**48.** *C. M. Happy Place.*

Wakantanka toka qehan,
Wicaxta yakaga,
Nitaniya yaqu, qa on,
Wiconi kin yuha.

## 49. *C. M. Rochester.*

PSALM 91.

1. Wakantanka nixun kin on,
   Akarpe mayaton;
   Nirupahu ihukuya,
   Inawape kta ce. ·

2. Wowicake nitawa kin
   Wahacanka waya;
   Maza maku akarpe kin,
   Koyag mayaye kta.

3. Hanyetu ca wokokipe
   Wanin waun kta ce;
   Otpaza en makoxica
   Makiyukan kta ce.

4. Wanhinkpe wan ye yapi kin,
   Qa wowayazan kin,
   Anposkan den hiyaya xta,
   Kowakipe kte xni.

5. Kektopawinge ṭapi xta,
   Camatka kin ekta;
   Kektopawinge wikcemna,
   Ematapa tanhan;

6. Hena irpayapi exta,
   Mahiyahde kte xni;
   Wakantanka Jehowa he
   Wowinape wayc.

7. Taku amahinrpayc kta,
   Etanhan ni mayan;
   Taokiye wicaduha,
   Awanmayake kta.

8. Wocekiye eciciya,
   Amayadupte kta;
   Anpetu hanskaska kin he
   On imna mayan wo.          S. R. R.

52

**50.** 11s, 8s. *Davis.*

1. Jesus nioran kin he wowiyuxkin,
   Wiconi unyakahipi;
   Niwe on opeunyakitonpi kin
   He tuwe kiksuye kte xni.

2. Marpiya iwankam ni Ate kici
   Wowitan ihduza yaun;
   Tuka he yakpagan qa deci yahi,
   Wicacerpi heca yeçun.

3. Marpiya maka ko hena yakaga,
   Qa hena nitawa tuka;
   Wicaxta kin awicayatonwe ça,
   Teriya waniçieunza.

4. Unkoranpi kin iyonicipi xni;
   Unxicapi kin sdonyaya;
   Tuka wacin en unyakiduzapi,
   Unnipi yacin qa nita.

5. Wicokakije kin tawaţenyaya,
   Wiconţe kin ayakipa,
   Unkoranpi kin iyanionpapi,
   Qa heon etanhan nita.

6. Woartani unyecicajujupi;
   Niwe kin he wokajuju;
   Heciyatanhan wiconi kin yukan;
   Hecedan wacinunyanpi.

7. Detanhan Jesus unniksuyapi kta,
   Niţe cin awauncinpi.
   Nakun yakini, qa marpiya ekta
   Yaun on unkiyuxkinpi.          s. w. r.

---

**51.** *America.*

Makoce mitawa
Waxte wadake ça,
Iwadowan.
Mihunkakepi den
Icagapi, qa en
Wicahnakapi een
He weksuya.

53

## OLIVET. 6 & 4's.

L. MASON.

My faith looks up to thee, Thou Lamb of Calvary,

Savior di - vine! Now hear me while I pray, Take all my

guilt away, O let me from this day Be wholly thine.

54

**52.** *Olivet.*

1. Jesus waouxida,
Marpiya kin ekta.
Waxteya un;
Tuka makata hi.
Wicaxta kin eeen
Ikicage kta ce :
Tanyan econ.

2. Waunrtanipi kin
Airpeyapi, qa
Hena on ta.
Tuka iyamni can.
Ake hdinanpe ca.
Marpiya kin ekta.
Kiyotanka.

3. Hecen Wanikiya.
Ionximada ye.
Wiconi kin ;
Hehan yati ekta.
Nitowaouxida,
Iwadowan kta ce.
Ceciciya.

4. Ake yahi kinhan.
Wicadaco kta ce :
Tuka Jesus
Wicotakuni xni,
Wiconțe kin ekta
Iyemaye xni ye ,
Ni mayan wo.                  s. R. R.

---

**53.** *Olivet.*

Wakantanka niye,
Mitancan kin dee,
Mayakaga ;
Nakun minagi kin,
Nakun mitawacin.
Tanyan ecamicon.
Tawa mayan.                  s. R. R.

## 54. *Olivet.*

Niyate qa nihun.
Wicahduonihan;
    Tanyan econ.
Wakantanka waxte,
Tehan yani kta e,
Onxinida kta ce,
    Anagoptan.              S. R. R.

---

## 55. *Olivet.*

1. Wakantanka waxte,
    Wicoksape wakan
        Nitawa kin,
    Wiconi nitawa
    Iyuxkinmayan wo;
    Cantomahnaka wo,
        Wakantanka.

2. Woope nitawa,
    Maho kin on nina
        Iwadowan:
    Tehan wankan yaun,
    Tuka wicoran kin
    Owasin wandaka,
        Ni mayan wo.

3. Wakantanka wakan,
    Waduwaxte tanka,
        Ohinniyan:
    Wicocante oze
    Owasin sdonyaya,
    Qa waonxiyada,
        Wakantanka.

4. Wakantanka canku
    Tawa kin ţinsaya
        Kiciyuha wo;
    Nakun wacinyan wo;
    He ecanon kinhan,
    Tanyan iyoyanpa
        Niye kta ce.

56

5. Qa nioran kin he
Wiyotanhan hee
　Niciye kta;
Arbayedan cante
Waxte hduha un wo,
Heeen Wakantanka
　Niyuhe kta.

6. Toua owotanna
Hena Wakantanka
　Taku ota
Tawa wicakiya;
He ohinniyan kta,
Taku xica exta,
　Ope ye xni.

7. Tona owotanna
Yaunpi kin hena
　Idowan po;
Wakantanka waxte
Hoyekiyapi qa,
Iyuxkinkiciya,
　He yatan po.

8. Jesus idowan po;
He waonxida ce,
　Wacinyan po.
Woartani tanka
Iye kajuju qa,
On ni unyanpi ce;
　Jesus waxte.　　　　　　J . R.

---

**56.** *America.*

Qa wowapi kin he
Onspemiçiciye,
　Waxte wada.
Wakantanka waxte,
Woyatke xica he,
Emiciyaku ye:
　Onxinada.　　　　　　S. R. R.
3$^{r}$　　　　　　57

SLOW.

From eve - ry stormy wind that blows, From

eve - ry swell - ing tide of woes, There is a calm, a

sure re - treat; 'Tis found be - neath the mer - cy seat.

**57.** *L. M. Retreat.*

1. Oyate kin maka akan
Yaunpi, awitukadan
Hen wiyuxkin içiya po,
Owihanke Wanica en.

2. Owihanke Wanica en
Wowidag en içiya po ;
Wiyuxkinyan he itokam,
En dowanwan ihdou po.

3. Wakantanka kin he iye
Owihanke wanica ce ;
Unyuxtanpi kin hee ce,
Tanyan he sdotkiyapi.

4. Taku maka akan un kin
Iye icar içiye xni,
Wakantanka hena kage ;
Taoyate unyakoupi.

5. Caje kin he idowan wo,
Wowitan yacin heciuhan ;
Wicoran waxte yuha wo,
Ti kin ohna idade kta.

6. Wakantanka towaxte kin
Ohinniyan hduha yauka ;
Towaouxida ohinni,
Wioicage kin en un.          A. R.

**58.** *L. M. Retreat.*

1. Tona Wakantanka waxte
Ookiye niyaupi kin,
Anpetu hanyetu owas,
Wakantanka kin yatan po.

2. Omniciye tawa ohna
Wakantanka yawaxte po,
Nape kiyugan yatan po,
Towaouxida tanka ce.

59

3. Wakantanka marpiya kin
   Maka ko icarye cin he;
   Totonwe eciyatanhan,
   Ohinni niyuwaxtepi.

4. Wakantanka oie kin,
   Otokake wanica ce;
   Owihanke wanin yeya;
   Wowitan waxte qa wakan.          A. R.

---

## 59.

1. Wakantanka waxaka yanka ce,
     Ohinniyan waxte yanka;
   Oyate tawa makata un kin,
     Towaxte idowan po.
   Canku tawa kin he waxte ce;
     Wiconi owihanke xni,
   He iye tawa e unqupi,
     He Jesus Krist yuha ţe hi.

2. Nitancan kin wayahduxna, qa
     Woartani yakajuju.
   Jesus Krist tawa makiya wo,
     Nixnana wacinciya ce;
   Nitawakonze kin maqu wo;
     Qa wiconi nitawa kin
   He tanyan hiyohi mayan wo,
     Nixnana Waniyakiya.

3. Otokahe wanin nanke, ça
     Nakun owihanke wanin,
   Ohinniyan hecen nanke kta;
     Qa Wakantanka nixnana
   Ate unniyanpi nanke ça
     Untancanpi de yakaga;
   Wicowaxake he nitawa,
     Heon kini yuxkinpi kta.          J. R.

## 60. *Omaka teca.*

1. Wakantanka ohinniyan
   Taku cha yahduecetu ;
   Omaka wan dutanin kin
   Ihuniyan onximada wo ;
   Mitancan kin, minagi kin,
   Aniya qa yuwaxte wo.

2. Nioran kin ota, tuka
   Onuniyan yukcan xni waun,
   Wakantanka sdonya nanka ;
   Nitoksape kin he maqu wo ;
   Wiconi hanske cin maqu,
   Jesus tancan kin hetanhan.

3. Omaka wan teca hi kin
   He iyahna mayuteca wo,
   Woartani eçamon kin
   Ota, tuka Jesus kajuju ;
   Wicowazi nitawa kin
   Hena unyuecetu po.

4. Taku ecanon kin wakan
   Ohinniyan wanyag mayan wo ;
   Canku wiconi yakaga,
   Hena nioie etanhan ;
   Woope tuwe nin un kin
   He takudan wacinye xni.

5. Tona Jesus awacin xni,
   Hena awaiçicin un wo ;
   Taku wakan he iyotan
   Oie kin okicipa wo ;
   Woope kin he en i wo ;
   Jesus tanyan niyuhe kta.

J. R.

**MISSIONARY HYMN. 7 & 6. Peculiar.** L. MASON

From Greenland's i - cy mountains, From India's co - ral

strand, Where Afric's sunny fountains Roll down their golden sand;

From many an ancient river, From many a palmy plain, They

**MISSIONARY HYMN.—CONTINUED.**

call us to de - liv - er Their land from er - ror's chain.

**61.** 7ˢ, 6ˢ. *" Missionary Hymn."*

1. Wakantanka towaxte
     Cinhintku kin ahi,
   Wotanin kin waxte he
   Unkix naunronpi.
   Iye waonxida ce ;
     Waunrtanipi sa,
   Tuka Cinhintku kin he
   Unyujajapi kta.

2. Wohduze wan unqupi,
     Wakantanka waxte ;
   Maka akan Cinhintku
   Unkiyepi on te ;
   Tancan unkiyuxnapi,
     Qa we papsonpi kin,
   Hetanhan woartani
   Tokan erpeya ce.

3. Cante teca unhapi
     Kinhan, waxte kta qa,
   Atkuku towaxte kin
   Iye unqupi kta.
   Wanji Wakan waxte kin,
     Qa Woksape kici,
   Nakun Wanikiye cin
   Om unyakonpi kta.

4. Wicanagi waxte kin
     We on opetonpi,
   Hena ix taku xica
   Wanyakapi kte xni;
   Tuka Jesus itokam,
     Tanyan yakonpi qa,
   Odowan teca kin he
   Ahiyayapi kta. s. r. r.

**62.** 7ˢ, 6ˢ.

1. Wakantanka waxaka,
     Waonxiyakida ;
   Wicaxta hiyeye cin
   Wartanipi tuka,

63

Niciukxi wicayaqu;
Kaken econ qa on
Tancan kin ţe kiyc ça
Wiconi unqupi.

2. Jesus Waniyaye cin,
    Marpiya maka kin,
Taku ohnaka kin he
    Ni wicayakiya.
Wicoksape nitawa,
    Anpetu iyohi,
Ionxiunkida po,
    Nitowaxte kin on.

3. Anpetu wan en yahi,
    Wowinihan tanka,
Inihan maye xni wo
    Onximakida wo.
Wiconi nitawa kin
    Heci ope mayan;
Wiyuxkinyan waun kta
    Marpiya kin heci.

4. Woartani ecamon
    Iyopemiçiya,
Jesus micicajuju,
    Nixnana hecanon;
Anpetu hanyetu ko
    Heon wacinciya,
Wopida kin hecedan
    Hiyahde mayan wo.

5. Nitaokiyepi kin
    Hen ope mayan wo,
Ohna mani mayan wo,
    Waonxiyada on;
Marpiya tiyopa kin
    Makiyuzamni wo,
Yati waxte nanke cin
    Ohna waun kta ce.        J. R.

**63.** 7s 6^s. *Light.*

1. Wakantanka nanke cin,
Wopida wan tanka,
Ionxiunkida po;
Nicinkxi caje on;
Marpiya kin heciya
Nietapa kin en,
Kici yakidotanke
Wacinunkiyapi.

2. Maka kin akan hi, qa
Wowaxte wan ccon,
Tancan kin ţe kiye ça
Iye we kin papson.
Woartani wan tanka
Econkupi kin en,
Jesus Krist itancanyan
Wowinape yanka.

3. Jesus Krist Wakantanka
Cinhintku nanke cin,
Nitaoyate dena
Wicahdiyohi wo;
Tancan unyazanpi kin
Woasni unqu po;
Nioran tanka kin he
Unkiyuxkinpi kta.

4. Untancanpi kin dena
Owasin nitawa,
Unnagipi kin he ko,
Hena hduha nanka.
Nitaniya Wakan kin
Unyaqupi kin he;
Nitawokoyake kin
Koyag unkiya po.

5. Anpetu hanyetu ko
Imanihan manka;
Wowaxake nitawa
Ionxinnada wo;

Wowaxte wan duhe cin
He u makiya wo;
Nioie wakan kin
Owasin mduhe kta.

6. Anpetu de nitawa,
Ahitonwan yanka :
Nitadowan kin dena
Nakiron yanka wo ;
Woyuha wan marpiya.
Heeiya yanke cin,
Hena unyaqupi qon
Wiyeya yanke kta.

7. Anpetu ekicetu
Tohan tanin kinhan,
Makata nayajin qa
Nihduatanin kta.
Nietapa wakan kin,
Heci emahde wo ;
Nitokam ohinniyan
Waxteya wani kta.

**64.** $8^8, 7^8$.

1. Jesus Itancan mitawa,
Minagi ducectu;
Wopida wan ecanon kin,
He etan icidowan;
Iyotanyan marpiya kin
Iwankam Initancan,
Heeiyatan kun yau qa
Maka kin amayani.

2. Wowitanyan yaun qon he
Yakpagan, deci yahi;
Nitancan kin woartani
Iyahdaci·i on nita.

Oyate maka ohnaka,
  Owasin opeyeton ;
Niwe kin he yatpapson qa
Heeiyatan wiconi.

3. Mniyowanca, tateyanpa,
  Maka kin ocowasin,
Anpetu wi, hanyetu wi,
  Wicanrpi anipepi :
He etanhan Wakantanka.
Cinhintku Itancan on.
Epe cin de namaron, qa
Wowidake mayuha.

4. Wohduze ton unyakonpi,
  Unkicincapi-koya,
Unkiye on Wakantanka
  Cinhintku kin kakija ;
Jesus heon untapi kta,
  Jesus he unnipi kta :
Iye hecen ecou qon he
  Unkix econkupi kta.

5. Wanyagpica xni yaun qon,
  Waonxida on yahi,
Wicacerpi iyaen. qa
  Wieaxta hecen yaun ;
Marpiya kin en yaki qa
  Wowitan hduha yaun ;
Marpiya kin owancaya,
  Nitowaxte yuhapi.

6 Hehan ake yahi kinhan,
  Maka kin inihan kta ;
Taku tona naniron qon
  Wicayahduwaxte kta ;
Wookiye nitawa kin
  Ohini ounye kta :
Wicoran okonwanjidan
  Anpetu han ka ye kta.     J. R.

**HEBER. C. M.** KINGSLEY. By permission.

1 By cool Si - lo - am's sha - dy rill How

2 And such the child whose ear - ly feet The

sweet the li - ly grows; How sweet the breath be -

paths of peace have trod, Whose se - cret heart, with

neath the hill, Of Sha - ron's dew - y rose.

in - fluence sweet, Is up - ward drawn to God.

68

**65.** *C. M. Heber.*

1. Jesus niţe cin weksuya,
Heon ni mayaye;
Token kakix ciye ciqon
Awacami kta ce.

2. Niyate om tanyan nanka,
Wakantanka yaun,
Ni mayaye kte rince ça,
Wicacerpi yeçun.

3. Onximayakidake ça,
Itonniçipe xni;
Woartani untonpi kin
Iyanionpapi.

4. Dehan waciuciya waun,
Houciciya ce;
Niwe mioran xice cin
Micicajuju kta.          s. w. p.

---

**66.** *Psalm* 13.

1. Owihanke Wanica, tohanyan
Amiyektonja; ohini kta he.
Qa nakun tohanyan nitoye kin
Anamayakirbe waun kta he.

2. Tohan kinhan miçicanpte kta he;
Qa tohanyan cantexin miçiye;
Tohanyan anpetu otoiyohi,
Tóka ko tóka mayanpi kta he.

3. Owihanke Wanin Wakantanka
Mitawa kin, wanmayaka wo,
Wiconţe wan ixtima maye kte cin
Ikowapa, aojanjan mayan.

4. Tóka mayanpi kin maktepidan,
Qa makata iyemayan cinpi;
Woihdatan kin he wowiyuxkin kin
Mayanpi kte cin he kowakipa.

5. Nitowaxte kin wowacinwaya,
Woehdaku micante wiyuxkin;
Owihanke Wanica taku waxte
Ecamicon kinhan iwadowan.          A. R.

69

## FRANCONIA. 6 & 5.

KL—FF.

Why that look of sadness? Why that downcast eye?

Can no thought of gladness Lift thy soul on high?

O thou heir of heaven, Think of Jesus' love,

70

**FRANCONIA.—CONTINUED.**

While to thee is    given    All his grace to  prove.

**67.** 6 ͪ, 5 ͪ. *Franconia. Tappan.*

ITANCAN TAWOCEKIYE KIN.

1. Ate unyanpi kin
  Marpiya ekta;
  Nicaje wakan kin,
    Niyatanpi kta;
  Nitoxkanxkan kin he
    Ecadan u kte;
  Nakun wicaxta kin
    Onipapi kta.

2. Marpiya kin ekta,
    Nitawacin kin,
  Ecen econpi kta,
    Maka kin akan.
  Woyute yapi kin,
    Anpetu kin de;
  Nakun wokoyake
    Unyaqupi nun.

3. Tuwe ecinxniyan
    Ecamicon kin
  Wakajuju, hecen
    Micicajuju.
  Waunrtanipi kin
    Hena owasin,
  Yutokan iyeya.
    Ionxiunrdam.

71

4. Woartani kin en,
    Iyemaye xni;
  Owasin etanhan,
    Emahdaku wo.
  Wokiconze kin he,
    Wowaxake kin,
  Wootanin hena,
    Nitawa nunwe.          s. r. r.

### 68.

1. Taku ota yuhe cin he naron po.
  Wakantanka kin c qe hee ce.
  Taku tokeca yuha yaunpi kin,
  Hena owasin atakuni kte xni.

2. Wakantanka taku henana kin,
  He owasin henakiya yaun;
  Anpetu hanyetu hena owasin,
  Ohinniyan hena wanhdag nanka.

3. He etanhan oyate hiyeye cin.
  He owasin taku wan tanka e,
  Owihanke wanin wiconi wan he,
  Marpiya kin heci unyehnakapi.

4. Taku wan tanka waxte duhe cin
  He unqu po; Nicinkxi oran kin,
  Wiconi wan owihanke wanica,
  Nitacanku kin omaunnipi kta.

5. Woartani ecedan unhapi kin he,
  He takudan okihi kte xni ce;
  Jesus we kin hecedan okihi kta;
  Oie kin he wakan undapi kta.

6. Taku wan tokiya yanke cin,
  Wowaxte wan tanka kin he dee;
  Jesus waonxida oranye cin,
  He owasin wanna unhiyahdepi.

7. Jesus wakan Wanikiya nanke cin,
  Nitawakonze kin he maqu wo;
  Anpetu iyohi ceciciye kta;
  Nix iyecen amiktonje xni wo.          a. r.

**69.** *Ganges. Kingwood.*

1. Wankan marpiya kin ekta,
Taku ohnaka owasin,
Jesus wawicarya.
Maka mniwanca ko ekta,
Taku iyeye cin hena
Wakantanka tawa.

2. Woahope wikcemna kin,
Iye hena hecen kaga ;
Hena unqupi qon.
Henakiya woahope
Ecen opapi ca waxte,
Tuka wawartani.

3. Akex piya waonxida,
Cinhintku kin unqupi, qa
Iye wartani xni.
Micinkxi kin ohinniyan,
Iye oran waxte wada,
Atkuku eya ce.

4. Niye Jesus nioran kin,
Maxica tka he cicida,
Tokin he mayaqun.
Mioran kin maxica on,
Dehan iyokixin waun ;
Jesus onximada.

5. Niye kaex nite cin on.
Wawartani micajuju ;
Makipakinta nun.
Nitowaxte micante kin
Ekta emicihnaka wo ;
Teca makaga wo.

6. Nitawokoyake waxte,
Maka akan yakage cin,
He koyag mayan wo.
Mate cinhan tukten yaun
Hen tawaya imacu nun ;
Ionximada wo.

G. H. P.

**PAYSON.** 8's. **Single.**

Oh Je - sus, de - light of my soul, My
Savior, my Shepherd di - vine; I yield to thy
bless - ed con - trol; My bo - dy and spi - rit are

**PAYSON.**—CONTINUED.

thine, My bo - dy and spi - rit are thine.

---

**70.** 8$^{\text{S}}$. *Payson.*

1. Jehowa Itancan yaun
Marpiya iwankam yati,
Wanagi waxakapi kin
Owasin nicinihanpi.

2. Nixnana wanixaka ce ;
Nixnana nioran wakan ;
Yakage cin tonakiya
Owasin tanyan yahduxtan.

3. Nioie hecetu ce ;
Woitonxni wanin yaun ;
Token waduwaxte kte cin,
Iyecen tawacin yeçun.

4. Wicoran kin tonakiya,
Owasin oparta nanka ;
Wicocante oze hena
Iyurpa oyakarniga.

S. W. P.

75

## STAFFORD. H. M.

Upward I lift mine eyes; From God is all my

aid; The God that built the skies, And earth and na - ture

made: God is the tow'r To which I

**STAFFORD.—CONTINUED.**

fly; His grace is nigh In ev' - ry hour

~~~~~~~~~~

**71.** *H. M. Stafford. Lenox.*

1. Wakantanka kin en,
Ihdatanpi kte xni,
Waxte kin hecedan
Waxte daka keye ;
Wicaxta kin oranyanpi,
Owasin rin ccetu xni.

2. Tona maka akan
Yakonpi kin hena
Canku ecinxniyan
Omanipi tuka,
Ksam wicaye ecin nanka,
Jesus u xi waonxida.

3. Wicoran xice cin
Owasin opapi,
Wanji iyotan kin
Erpekiyapi ce ;
Wicayuowotanna kte.
Cinhintku kin makata hi.

4. Wicaxta tawacin
Ihduxapapi ce,
Hanye cokaya kin
Iyecen sapapi ;
Tuka wicayuska kta e
Wanikiya rtani qa te.

77

5. Wiconi kin waxte
Yutakunipi xni,
Wicaceya teri
Içicagapi ce;
Tuka ake wicani kta,
Iye tancan den ṭa wanka.

6. Tuka iyamni can
Ihduekicetu,
Wicowaxake kin
Hduha kiyotanka;
Tawakonze u kiye kta,
Iye Jesus waonxida.　　　　G. H. P.

---

**72.** 11ˢ, 8ˢ. *Davis.*

1. Jehowa mayuha ni mayakiye,
Nitowaxte iwadowan;
Wawartani heon maṭe kta, tuka
Nicinkxi on ni mayan ye.

2. Marpiya, maka, taku ohnaka ko,
Owasin wawicaryaye;
Woteca, wamanica, zitkadan ko,
Iyohi wo wicayaqu.

3. Nixnana owasin sdonwicayaye,
Nioran owotanna ce;
Wacantoyahnaka, waxaka, waxte,
Waonxida koya yaun.

4. Jesus nicaje nawaron xni qehan,
Otpaza en nuni waun;
Wiconṭe etanhan emayahdaku,
Heon ciyaonihan kta.

5. Wakantanka cante maxica eca,
Nixnana houciciye;
Owihanke wanin ceciciye kta,
Jesus on onximada wo.　　　　T. S. W.

**73.** 11 ˢ, 8 ˢ  *Davis.*

1. Ate Wakantanka iyotan yaun,
   Marpiya iwankam yati,
   Wanagi marpiya ounyanpi kin
   Owasin nicinihanpi.

2. Nixnana nicante owotanna ce,
   Nixnana nioran wakan ;
   Nioran waxte kin yahduotanin.
   Owasin tanyan yahduxtan.

3. Taku rin owasin atonwan nanka,
   Owasin okarnir yaun ;
   Wicocante oze tanyan sdonyaya,
   Owasin iwicadukcan.

4. Oie yeton kin yahduecetu ;
   Woitonxni wanin yaun ;
   Token nitowaxte otanin kte cin,
   Iyecen tawacin yeçun.            s. w. r.

---

**74.** 11 ˢ, 8 ˢ.  *Davis.*

1. Wanagi waxaka marpiya ekta
   Jehowa yaonihanpi ;
   Wicaxta maka kin axkanxkan un kin
   Jehowa ohodapi xni.

2. Jehowa ixnana Itancanyan un,
   Wicaxta tawa wicaya ;
   Wicotawacin kin wicoran nakun,
   Owasin atonwan yanka.

3. Jehowa ecedan wawokihika,
   Oie on waicarya ;
   Marpiya, maka, taku owasin rin,
   Nape ohna hduha yanka.

4. Wicaxta cante kin owotanna un
   Cante en wicayuze kta,
   Wacin tanka, tehan xihda xni tuka,
   Xihda ca wohitika ce.            s. w. r.

FREDERICK. 11's.

KINGSLEY.
By permission.

I would not live alway : I ask not to stay Where storm after

storm rises dark o'er the way ; The few lurid mornings that

INST.

dawn on us here, Are enough for life's woes—full enough for its cheer.

80      VOC.

## 75. 11 S.

(WOAHOPE WIKCEMNA KIN.)

1. Marpiya maka ko icar ye cin he
Toope wanji unqupi kin dee,
Taku un kin owasin yuhe cin miye
Mixnana ohini wakan mada wo.

2. Marpiya maka miniwanca ekta
Taku ohnaka ko owasin mitawa,
Hena imayacinpi xni po ;—hena
Itokam pamahdedan unpi xni po.

3. Wakagapi taku wanyakapi kin
Itokam wicakiyugate xni wo ;
Mixnana Jehowa cemakiya po. ·
Micaje ikeeya cyapi xni po.

4. Anpetu okirpapi kiksuya po ;
Wicortani, taku kicanyanpi kin,
Mnihenya econ wo, xakpe can hehan,
Ixakowin kin he wakan yuha wo.

5. Niyate nihun ohowicada wo.
Wicaxta wanjidan te kiye xni wo.
Wawicirarapi econpi xni po.
Qa taku wanjidan rin manon xni wo.

6. Oie ecinkta cyapi xni po.
Wakeya tokan tawapi cin xni wo ;
Tawicu, taxunke qa taku yuha
Hetanhan wanjidan yacin kte xni do.

7. Token cante niçiciye cin iyecen
Wicaxta owasin cantekiya wo ;
Token ecaniconpi kta yacinpi
Iyecen ecawicayeconpi kta.

8. Jehowa hecedan wakan kin hee,
Ixnana iyotan cantekiya wo,
Nicante, ninagi kin koya mahen,
Jehowa niynha waxte daka wo.     r. s. w. ·

## 76. 11 8.

1. Anpetu kin de ahopapi waxte;
Anpetu wakan kin oiyokipi;
Anpetu kin de Wakantanka kaga;
Anpetu wakan ca unkiyuxkinpi.

2. Itancan kini kin anpètu dee,
Heon iyotan unkidapi kta ce;
Tona Wakantanka waxte dapi kin
Anpetu wakan kin kiksuyapi kte.

3. Anpetu wakan ahopapi xni kin
Hena Wakantanka ohodapi xni;
Anpetu kin de Jesus taokiye
Wiyuxkin odowan ahiyayapi.

4. Jehowa nitokam marpiya ekta,
Anpetu wakan wi iyaye xni ce:
Heci nanke cin en unkipi kinhan,
Ayaxtan wanin unniyatanpi kta.    S. W. P.

---

## 77. 11 8.

1. Hanyetu mixtinbe kta e imunka,
Iyo Wakantanka tanyan mahduha;
Tanye rin mixtinbe cante xice xni,
Hanranna waxte kin amayanpa ce.

2. Hanyetu ahanzi ayuxtan yaye;
Nix nana hecanon oyakihi ce;
Iyecen micante iyomayanpa,
Iyotan Waxaka iceciciya.

3. Anpetu ihuniyan onximada;
Nitawacin kin he owakide kta;
Wicoran kin xica amduxtan kta ce;
Nixnana detanhan ocicipe kta.

4. Tokata yeye cin nitacanku kin,
Tanye rin sdonwaye kta nina wacin;
Ocanku tanina he xica tuka,
Waniyetu ota en mani manka.
82

5. Ate yapi niye nicinkxi kici,
Iwamiyeconze kta ceciciye;
Piya ikicage anpetu kin en,
Enitapa heci manke kta wacin.      G. H. P.

## 78. 118.

1. Jehowa iyotan itancan un kin,
Caje·kin witaya unyatanpi kta.
Tuwe Wakantanka yatan kte xni he
Marpiya oyate idowanpi ce.

2. Jehowa towitan owihanke xni;
Jehowa towaxte owancaya un,
Taku iyeye cin ixnana wakan,  .
Qa taku econ ca, he sutaya han.

3. Marpiya iwankam ounyan ece.
Qa heciyatan ahitonwan yanke;
Iyoyanpa xina iyecen kiçun,
Qa tate rupahu kin amani un.

4. Jehowa wakanhdi ookiye ye,
Qa ho kin wakinyan hotonpi ee.
Mniwanca oie kin anagoptan;
Tate kin kixica ca, he ayuxtan.

5. Ia ca, maka kin de huhuzahan,
Qa re kin paha ko owasin xkanxkan;
Maka kin akan, qa wanagi ekta
Ixnana iyotan Itancan yanka.

6. Tawipe kin ota qa wawokihi,
Tuwe cantahde ca, he takunixni;
Tamazasagye makoxice ee,
Qa wowayazan kin owasin yuhe.

7. Jehowa ixnana wiconi kaga,
Qa iye wiconţe wowidag yuha;
Token cante yuza ecen okihi;
Taokiye hena yawapicaxni.

83

8. Ito Wakantanka unyatanpi kte,
Tuwe he kipajin qa ni kta nace
Towaonxida kin wiconi ee,
Qa tocanteptanye kin he wiconte.

9. Jehowa ohoda xni yaunpi kin
Wokakije tanka niçicagapi,
Dehan cistiyedan iyarapi xta,
Owihanke wanin yaceyapi kta.

10. Kohanna ito Jesus wacinyan po,
Tokan wowacinye wanice kte do.
Wacinyanpi kin hena niwicaye ;
Wiconi ionxinidapi kta ce.

---

### 79. 11 8.

1. Otpaza cincapi ihdurica po!
Wowaxte Wi kin taninyan hiyu,
Xdayehnayan den hiyaye kta ce
Ekt' etonwan po, taninyan yanke.

2. A po! wankan heci enanpe yapi.
Wowaxte Wi kin idowanpi ce ;
Heya iyuxkinyan ahiyayapi,
Onxiya nanke cin nicapi ce.

3. Wanikiya un kin te hi qon he
Wanna h'nanpe ça itkomya u ce ;
Tankan inajin, qa piiçiya po ;
Maka kin aokibe ye kta ce.

4. Anagoptan po, heniciyapi ce ;
Wacinmayan po, ni ciyapi kta ;
Waniçirtanipi xnix waye kta ce,
Cante kin teca ecihnake kta.

5. Hinnakaha wanna kiyadan u ce ;
Heyaya, aohdute niyanpi ;
Ihdurica po, niciyapi kta ce ;
Wiconi hanske cin tawa waye.

## 80. 11 S.

1. Ito taku wan awauncinpi kta ;
   Wicaxta nagi iyayapi kin he.
   Ecadan unkiyex en ounpapi kta,
   Wiyaya unkiçihnakapi kta ce.

2. Wicaxta maka axkanxkan unpi kin
   Ecadan owasin iyayapi ce.
   Inarnina deci unyakonpi qa
   Kohanna tokan unkiyayapi kte.

3. Wiconțe kin tuwedan onxida xni,
   Wicaxta owasin iyawicape.
   Hokxiyoqopa kin wicarcapi ko
   Koxka qa wikoxka kin țewicaye.

4. Wicaxta waxake içidapi kin,
   Niiçiyapi kta okihipi xni.
   Wiconțe tawipe kin hena pepe,
   Qa tuwe on opi ca, he wanna țe

5. Taku wicunyanpi kin ota tuka,
   Wanna wanjigjidan okaptapi ce,
   Hena wanagi kin ekta unpi qa,
   Unkix ecadan ekta unyanpi kta.

6. Untancanpi kin de unțapi kta ce,
   Tuka nunagipi kin țe pica xni,
   Jesus wacinyanpi kin țapi ekta,
   Marpiya ekta akex ni yakonpi.

7. Tuka tona Jesus wacinyanpi xni
   Hena wicon kin erpekiyapi,
   Nagi kin xicaya iyayapi kta
   Wiconțe iyokihe kin terika.

85

## DEDHAM. C. M.

ENGLISH.

Sweet was the time when first I felt The Savior's

pard'ning blood Ap - plied to cleanse my

soul from guilt And bring me home to God.

**81.** *C. M. Dedham. Pleasant Hill.*

1. Wanikiya cyapi kin,
   Makata un qehan,
   He token ówicakiyc,
   Wanjidan kakctu ;

2. Wicaxta wan wayazanka,
   Jesus en ihdoye,
   Makat' crpeiçiyc ça,
   Heya hoyckiye ;

3. Akisni wo, che cinhan,
   Hecen amasni ktc ;
   Yacin kinhan oyakihi ;
   Kitanyan cekiyc.

4 Jesus napc yckiye ça,
   Ecacicon kta ce :
   Akisni wo eciciya,
   Eya ; hecen asni.

5. Unkix eya wicoxicc
   Unkax' akapi ce,
   Qa on unkitawacinpi
   Unyazanpi cce.

6. Tuka Wanikiya qon he
   Waasniyan ţc hi,
   Akcx marpiya kin ckta,
   Waonxida yanka.

7. Wanikiya ceciciya,
   Ahimatonwan wo ;
   Mitawacin asni mayan,
   Ionximada wo.

8. Apa wicaduwaxtc kin
   Tokin wanji miycn,
   Wakan waxte duhc cin hc
   Ionximada wo.              G. H. P.

## BOYLSTON. S. M.     L. MASON.

Our days are as the grass, Or
But thy com - pas - sions, Lord, To

like the morn - ing flow'r, If one sharp blast sweep
end - less years en - dure; And children's chil - dren

o'er the field, It withers in an hour:
ev - er find Thy words of prom - ise sure.

**82.** *S. M. Boylston. Silver-street.*

1. Jehowa hecedan
   Yuonihanpi kta;
   Tuka tona witkotkopi
   Inyan wakan dapi.

2. Jehowa ixnana
   Ceunkiyapi kta,
   Taku maka ohnaka kin
   Henakiya tawa.

3. Wakantanka wanji
   Jehowa eyapi;
   Anpetu wi, hanyetu wi,
   Wicanrpi ko kaga.

4. Jehowa hecedan
   Ohoundapi kta,
   Okinihan, waonxida,
   Heon ni unyanpi.

5. Waunrtanipi qon
   Untapi kta heon,
   Tuka Cinhintku te u xi;
   Unkan ni unyaupi.

6. Jesus ohinniyan
   Waxte undapi kta;
   Wakantanka Cinhintku tka
   Unkiyepi on ta.          T. S. W.

---

**83.** *S. M.*

1. Jesus Wakantanka
   Waxte wadake kta,
   Micante, qa minagi kin,
   Token okihiya.

2. Nakun wicaxta kin,
   Miye imihdacin,
   Waxte wicawadake, ça
   Tanyan ecamon kta.          S. R. R

## GOLDEN HILL. S. M. WESTERN MELODY
BOST. ACAD. COLL. By permission

Blest be the tie that binds Our hearts in

Chris - tian love; The fel low - ship of kin - dred

minds Is like to that a - bove.

**84.** *S. M. Golden Hill. Thirtieth.*

PSALM 24.

1. Maka sintomniyan
   Jehowa tawa ce;
   Qa taku ohna ti kin he
   Owasin hduha un.

2. He taku puze cin
   Mini owanca kin
   Ahde. Maka kin de oxbe
   Iwankam otkeya.

3. Jehowa oyanke
   Tuwe adi kta he;
   Paha waxte yati kin hen,
   Tuwe iyahe kta.

4. Tuwe nape kin ska,
   Cante kin ecedan,
   Nakun wicaxta hnaye kta
   Eye xni takudan.

5. Tuka Wakantanka
   Cinhintku, Jesus he,
   Canku waxte wan kage cin
   Katinyan mani un.

6. Ecen econ kinhan,
   Jehowa towaxte
   Yuhe kte ça, wartani qon
   Kicajujupi kta.

7. Onidepi eca,
   Owihanke wanin
   Yati wakan en unpi qa,
   Inidowanpi kta.          T. S. W

---

**85.** *S. M.*

Ate Wakantanka,
   Pida mayakiye;
Miye wani kte xni tuka,
   Niye mayakage.

ST. THOMAS. S. M.    A. WILLIAMS.

How charming is the place Where my Re - deem - er, God, Un - veils the beauties of his face And sheds his love a - oroad!

**86.** *S. M. St. Thomas.*

KORINTON 1. WICO. 15.

1. Wicacerpi tancan
   Kin de koyag waun,
   Tohan kinhan wehnake ça,
   Wankan mihdoye kta.

2. Maka hemaca ce,
   Maka imacu kta,
   Wamdudan kin mayute kta,
   Matakuni kte xui.

3. Tuka minagi kin,
   Taku tepica xui.
   Wakantanka Waxaka en,
   Ihdutanin kta ce.

4. Jesus wacinyanpi,
   Heon wani wacin;
   Wakantanka ninape on,
   Akarpe mayaton.

5. Hehan niite kin,
   Wanyag waun kta ce;
   Taku waxte komdake kta,
   Wiconi kin hee.

6. Jesus u wo, u wo,
   Tancan wiconte kin,
   Wiconi e yakage kta,
   Hi wo, Jesus hi wo.          S. R. R.

---

**87.** *S. M.*

1. Wamawanon xui qa,
   Tuwe wakte kte xui;
   Wawicirarapi nakun,
   Wanji ecamon xni.

2. Itonxni wanica,
   Iewicawaka,
   Tokan yuha wakon kte xui.
   Hena owape kta.          S. R. R.

## SHAWMUT. S. M.

L. MASON.

O blessed souls are they, Whose sins are

cover'd o'er; Di - vine - ly blest; to

whom the Lord Imputes their guilt no more.

**88.** *S. M. Shawmut.*

JESUS WAIHDUXNA KIN.

1. Woteca tonaka,
Wanakax woxnapi,
Wicacante yuwaxte kta,
Eca okihi xni.

2. Tuka Jesus hee,
Waihduxna kin on,
Woartani paxpapi xni
Kajuju kta, hecon.

3. Minape on nipa
Aputag nawajin,
Qa wawartani kin hena
Ociciyag waun.

4. Nicakija ekta
Ewatonwan eca,
Mioran xica hen yanka,
Ecancicin manka.

5. Nicaje kin waxte
Wacinyan imduxkin;
Wakantanka Cinhintku he
Ihduzeze waun.                        S. R. R.

---

**89.** 11$^S$. *Frederick.*

1. Ateyapi kin he Jehowa ee,
Qa he Wakantanka unyawapi ee;
Marpiya ekta he Itancan yanka,
Owihanke wanin unyatanpi kta.

2. Wanikiye cin he Jehowa ee,
Jesus Wakantanka unyawapi ee;
Marpiya ekta he Itancan yanka,
Owihanke wanin unyatanpi kta.

3. Woniya Wakan kin Jehowa ee,
Qa he Wakantanka unyanpi ee;
Marpiya ekta he Itancan yanka,
Owihanke wanin unyatanpi kta.

4. Wakantanka wanjidan hena ee,
Qa okonwanjidan ihdawapi ee;
Towitanpi kin akidecen tanka,
Qa okonwanjidan unyatanpi kta.    S. W. P.

## OLNEY. S. M.

L. MASON.

The Spirit, in our hearts, Is whisp'ring, " Sinner,

come;" The bride, the church of Christ, pro-

claims To all his children, " Come!"

## 90. *S. M. Olney.*

'KUWA' EYAPI.

1. Owasin kuwa po;
Nixicapi exta,
Mesiya en ihdoya po,
Woniya kin eya.

2. Mihunka u miye.
En ompapi kta;
Yuwitaya unyaupi kte,
Marpiya heciya.

3. Qa tona ipuza
Owasin upi kte;
Wiconi mini kin ekta,
Yatkan yukaupi kte.

4. Qa tuwe cin kinhan,
Kohanna u nunwe;
Iyopeye wanin exta,
Wiconi icu kte.                S. R. R.

---

## 91. *S. M. Olney. Ninety-third.*

1. Marpiya kin ekta,
Wanagi kin waxte,
Odowan teca kage ça,
Jehowa cekiya.

2. Wocekiye waxte,
Onspe makiya ye;
Jesus yati kin he ekta,
Ceunkiyapi kta.

3. Wakantanka Ate,
Hecen ceciciye,
Cante kin teca makaga,
Mitawacin koya.

4. Nitacanku kin en.
Mawani kta wacin;
Hecen marpiya en nauke,
Ekta waun kta ce.

5. Iapi wan waxte,
Wocekiye hee;
Wicaxta tuwe ksapa ca,
Wocekiye eya.            S. R. R.

"WHAT IS LIFE?" S & 7. 6 lines. H.

DUET.

What is life? 'tis but a va-por,

ACCOMP.

Soon it van-ish-es a-way: Life is but a

dy-ing ta-per; O my soul, why wish to stay?

CHORUS.

Why not spread thy wings and fly Straight to yon-der

## "WHAT IS LIFE?"—CONTINUED.

world of joy, Straight to yon - der world of joy?

**92.** "*What is life.*"

1. Wiconi kin de taku he,
    Po kin he iyececa;
   Ecadan kaska iyeya;
    Minagi kin inarni wo;
   Tokeca nayatunka,
   En katinyan iyopta.

2. Wowitan wan tanka heci,
    Ohinni etonwan wo;
   Wakantanka wowinihan;
    Jesus heci Itancan;
   Marpiya kin heciya,
   En katinyan iyopta.

3. Oyate kin wicota rin
    Itan okxan najinpi;
   Wicaho on yatanpi qa,
    Ohinni iyuxkinpi;
   Tokeca nayatunka,
   En katinyan iyopta.

4. Ekta ye ça oyate kin
    Yatanpi kin opa wo;
   Jesus we kin ocowasin
    On opeya najin wo:
   Tokeca nayatunka
   En katinyan iyopta.      A. D. F.

## DOVER. S. M.

The Lord my shepherd is, I

shall be well supplied: Since he is mine, and

I am his, What can I want be - side?

**93.** *S. M. Dover.*

1. Jesus Wanikiya,
   Waonxida yaun,
   Ekta unkatonwanpi qa,
   Onxiunkida po.

2. Maka akan yaun,
   Omniciye kin de,
   En oyapa, qa he ekta,
   Nioran kin waxte.

3. Deci hinayajin,
   Owasin nayaron,
   Unkoie, unkoranpi,
   Unkic'usuta po.

4. Dena nitokam un,
   Wicayuwaxte wo;
   Wakantanka içiçupi,
   Tawa wicaya wo.

5. Nitowaonxida,
   Wicayaqu nunwe;
   Hehan marpiya kin ekta,
   Niyeci unpi kta.          s. r. r.

---

**94.** *S. M. Dover. St. Thomas.*

1. Jesus nitokamya
   Unhiyukanpi kin
   Ekta unkatonwanpi qa,
   Awacin unyan po.

2. Hiyounhipi qa
   Wanyag içiya wo,
   Nitoye ihduzamni qa
   Iyounyanpa po.

3. Waxte nidapi kin
   Iwicakiye ça,
   Ohonida xni kin hena,
   Inihan yaye kta.

4. Xica econpi kin
   Wicayuteca wo;
   Owasin den unkanpi kin
   Unyuecetu po.          g. h. p.

## LABAN. S. M.

L. MASON.

My soul, be on thy guard, Ten

thou - sand foes a - rise; And hosts of sins are

press - ing hard To draw thee from the skies.

## 95. S. M. Laban.

WAKTA UN QA CEKIYA WO.

1. Minagi wakta wo,
   Wayartani kin on;
   Wicaxta ota toka kin
   Yuxna niyanpi kte.

2. Wakta un cekiya;
   Kici kiciza ye;
   Anpetu ca ake econ,
   Jesus waxagniyan.

3. Ohiyaye xni kin
   Wipe hduha un ye;
   Watexdake yeçun kinhan,
   Hehan aduxtan kte.          s. R. R.

## 96. S. M. Laban.

1. Wawiciya nanka,
   Nix wanixaka ce;
   Cante untinzapi xni kin
   Unkikiya miye.

2. Wawokihi yaun,
   Waicaryaya ce;
   Wicoran ota yahduxtan,
   Tuka owasin waxte.

3. Nix iniyotan kin,
   Kun yahidu qehan,
   Wiconi wan yakage cin,
   Unkiyuxkinpi ce

4. Tawa unkiya po,
   Niunkiya miye;
   Itancan unkitawapi,
   Unkanicitapi.

5. Tohan yeya wanka,
   Onihan yaun kta;
   Wicoyatan, wicowaxte,
   Hena nitawa nun.          G. H. P.

103

## STILLINGFLEET. S. M. SWISS.

O cease! my wand' - ring soul, On

rest - less wing to roam; All this wide world, to

ei - ther pole, Has not for thee a home.

104

**97.** *S. M. Stillingfleet.*

1. Wakan Woniya kin
Ekta mahiyu, qa
Micante teca micaga,
Minagi kin koya.

2. Miixta kin hena
Miciyuzamni wo;
Nitacanku, nioie,
Okamir mayan wo.　　　s. R. R.

---

**98.** 11$^S$, 8$^S$. *Davis.*

1. Marpiya kin heci Ate unyanpi
Caje kin wakan un nunwe;
Nitowaxake kin hduha hiyohi,
Wicaxta wicayuwaxte.

2. Marpiya oyate wankan unpi kin
Nitawacin opapi ce,
Iyecen wicaxta oranyanpi kta,
Ionxiunkida miye.

3. Anpetu iyohi wauntapi kin,
Eya unyaqupi cce;
Dehan nakun hecen unyaqupi kta,
Iceunniciyapi ce.

4. Tokan taku xica ccaunkonpi
Wicunkicicajujupi,
Iyecen waunnicirtanipi kin
Unkicicajuju miye.

5. Wawiyutan un kin kounkipapi,
Icunom unkaya miye;
Qa taku waxte xni kin he owasin
Etanhan unkiyuxpa po.

6. Wawidake un kin he niye ee,
Nixnana wanixaka ce;
Eca owancaya onitanin kin
He owihanke kte xni ce.　　　G. II. P.

5*　　　105

## BENEVENTO. 7's. Double.

MOD. AFFET.

Sin - ners, turn, why will ye die ? God your Maker asks you why;

God who did your being give, Made you with himself to live ;

He the fatal cause demands, Asks the work of his own hands;

**BENEVENTO.**—CONTINUED.

Why, ye thankless creatures, why Will ye cross his love and die?

## 99. *Benevento.*

PSALM 46.

1. Taku wan Iyotan kin,
   Wowaxake, wowakan,
   Wowinape kin niye,
   Wakantanka nanka.
   Wokakije kin ohna,
   Nix waonxida nanka,
   En ikiyedan yaun,
   Qa eyahdaku ce.

2. Re xkanxkan, paha nakun,
   Qa mniwanca irara,
   Nina taja aya xta,
   Kowakipe kte xni.
   En Wakantanka yanka,
   Tawakeya kin wakan,
   Icahda wakpadan wan
   Iyuxkin wicaya.

3. He otonwe kin waxte,
   En Wakantanka yanke,
   Anpao kamdeze cin,
   Hehan omakiya.
   Taku kin Itancan un,
   Ho tanka hdahotanin,
   Qa maka yahuhuza:
   Unkinihanpi kta.

4. Tuwe un qa un qon he,
   Tuwe u kte cin hee,
   Hokxin cantkiyapi kin,
   Jesus Mesiya he;
   Woartani on te hi,
   Qa ake marpiya en,
   Wowitan qa wowaxte,
   Ohini yuha nunwe. S. R. R.

107

## LUTHER. S. M.

Grace! 'tis a    charming sound, Harmonious to the ear!

Heav'n  with  the    e - cho   shall resound, And

all the earth shall hear, And    all    the earth shall hear.

## SHIRLAND. S. M.

STANLEY.

Come, we that love the Lord, And let our
joys be known; Join in a song of
sweet ac - cord, And thus surround the throne.

**MARTYN.** 7's, Double.  S. B. Marsh.

Ma - ry to the Savior's tomb, Hasted at the
Spice she brought and sweet perfume, But the Lord she

D. C. Trembling, while a crys-tal flood Issued from her

ear - ly dawn; }
lov'd had gone : }
For a while she ling'ring

weep - ing eyes.

stood, Fill'd with sor - row and sur - prise;

D. C.

110

**100.** 7ˢ. *Martyn.*

1. Jesus onximada kin,
Niye cn onawapa ;
Taku xica ota rin
Hena cn maun cxta,
Jesus niye on wani,
Niye rin wacinciye ;
Hccen nix tohan yahi,
Miye onximada ye.

2. Wowinape tokcca
Takudau yuhapi xni ;
Hccen on Wanikiya.
Ohinni niyuhapi.
Ohinni mayaduha,
Ohinni cihduzcze,
Ohinni miyccaupta,
Wopida cciciye.

3. Wawartani on niṭa,
Wokajuju kin hcc ;
Wowaonxida duha,
Hecen on wacinciye ;
Woniya Wakan kin hc
On mayaduteca kte,
On mayaduwakan kte,
Hc ionximada ye.                    s. r. r.

**101.** 7ˢ. *Martyn.*

Jesus ṭe cin hc ekta,
Wi hinape xni hchan,
Hunku kin inarni ya,
Ceye kta c hetanhan.
Wanna Jesus hninapa,
Qa wiconi kin yuxtan ;
Hecen tuwe cin kinhan
He wiconi kiyuha.            s. r. r

111

## 102. 7⁸. *Martyn.*

1. Jesus minagi kin he
   Yuwankan imacu wo,
   Taja ehna waun kin,
   Heon inawarni ce.
   Wanikiya namarma,
   Woartani en waun,
   Owotanna amayan,
   Kohanna imacu wo.


2. Wowinape manice,
   Nixnana inacipe,
   Mixnana waun kte xni,
   Heon omakiya ye ;
   Sutaya wicacida ;
   Niye on wamaxaka ;
   Wipe kin mayaqu kta,
   Nirupahu wakan on.


3. Jesus nixnana cicin,
   Taku sanpa wacin xni :
   Tona ricahanpi kin
   Najin wicakiya wo :
   Tona wayazanpi kin
   Asniwicayaye kta ;
   Tona ixtagongapi
   Kaxka wicaduze kta.


4. Niorau owotanna,
   Nicaje kin waxte ce ;
   Woartani kin ota
   Axagya waun kin he :
   Nixnana wowicake
   Owasin yuha yaun ;
   Wowaxte ocowasin
   Ionximakida wo.

A. D. F.

**103.** 8 s. qa 7 s. *Stockwell.*

1. Rtayetu aomahanzi,
Taku wan awacammi ;
Tona mitokam iyaye
Hena weksuya cee.

2. Hena kakiya yakonpi,
Iye ti kin he ekta ;
Taku wan wakannndapi,
Hena wanna om yanka.

3. He wicanagi makoce,
En Itancanyan yanka ;
Qa wicaxta tona tawa
Hena wiyuxkinkiya.

4. Hena om ake waun kte,
Ohinni ecin manka ;
Qa wiconi wowiyuxkin
On iyuxkinmiçiya.     s. R. R.

---

**104.** *C. M. Coronation.*

1. Itancan kin iciyuxkin,
Nakun wacinciye ;
Nitowaxte on ni waun,
Mitakuye waxte.

2. Maka akan mitakuye
Erpemayanpi xta ;
Mita Wakantanka niye,
Heon wacinciya.

3. Marpiya kin miyecaga.
Ekta amayan ye ;
Nicinkxi kin wijica un,
Heon wacinwaye.

4. Itancan kin icidowan,
Nixnana ciyatan ;
Ohinniyan inacipa,
Heon iciyuxkin.     S. R. R.

## MYTILENE. 8, 7, & 4.

MALAN.

Come, ye wea-ry, hea-vy la-den, Lost and
If you tar-ry till you're bet-ter, You will

2 Let not conscience make you lin-ger, Nor of
All the fit ness he re - quireth, Is to

ru - in'd by the fall; } Not the righteous—
ne - ver come at all: }

fit - ness fond - ly dream; } This he gives you—
feel your need of him: }

Not the righteous; *Sinners* Jesus came to call.

This he gives you; 'Tis the Spirit's rising beam.

**105.** 8 s, 7 s, 4 s. *Mytilene.*

JESUS EN U WICAXIPI.

1. Woartani on teriya
Nix dukanpi hecinhan,
Jesus Krist ekta hoyeya,
Qa wacinyan un miye;
Jesus iye
Tona xica onxida.

2. He marpiya kin etanhan
Woartani on te hi,
Qa anpetu iciyamni
He ehan ake kini:
Jesus iye
Towaonxida waxte.

3. En u po iyurpa rinca,
Jesus niniyanpi kte;
Wowaxte kin he ninica
Hecen on inarni ye:
Jesus iye
Towaxte niçu kta ce.

4. Wanna wokakije nica,
· Iye ti ekta yanke,
Qa wiconte he ohiya,
On wacinyanpi waxte:
Jesus iye
Wowakan unqupi kte.       s. r. r.

**106.** 8 s, 7 s, 4 s. *Mytilene.*

1. Wokajuju sdonyayapi,
Wowakan akita po;
Woartani codan unpi,
He iyotan waxte do:
He akitam,
Jesus he niçupi kta.       s. r. r.

115

## ARIEL. L. C. M.

L. MASON.

O could I speak the matchless worth, O could I sound the

glories forth Which in my Savior shine; I'd soar and touch the

heav'nly strings, And vie with Gabriel while he sings, In

116

**ARIEL.—CONTINUED.**

notes almost di - vine, In notes al - most di - vine.

**107.** *Ariel.*

PSALM 103.

1. Wanji cinca wicayuhe,
   Onxiwicakida ece ;
   Jehowa hececa :
   Konicipapi kin hena
   Cautowicayahnake ça,
   Cincawicayaya.

2. Watuxckxeca hemaca,
   Oimacage sdonyaya ;
   Tanyan mayadukcan.
   Tuka waonxiyada on,
   Watexdake miyecaton ;
   Piya koxka waun.

3. Wawartani tonakeca,
   Henakiya sdonya nanka,
   Micicajuju ye.

Wiyohiyanpata tanhan,
Wiyorpeyata hehanyan,
Tokan erpeya ye.

4. Wicaxta taanpetu he
   Axkadan owihanke kte,
   Peji iyececa ;
   Hanranna ca icage ça,
   Wiyotanhan kaxdapi qa,
   Hehan xnix aye kta.

5. Tuka oniwihanke xni,
   Nitaanpetu ohinni,
   Wakantanka nanka :
   Nitokiconze owanca,
   Nitowiconn yeksuya,
   Onxiwicayada s. r. r.

## BARTIMEUS. 8 & 7's. SINGLE.

SLOW.

"Mercy, O thou Son of Da - vid!"

- Thus blind Bar - ti - me - us pray'd; "O - thers by thy

word are saved, "Now to me af - ford thine aid."

## 108. 8 ᔆ, 7 ᔆ. *Bartimeus.*

1. David Cinhintku waxte kin,
   Bartimeus hecen eya ;
   Ota niwicaya yacin;
   Ixta magonge cin he.

2. Jesus aceyc cin heon
   Wicota terindapi ;
   Tuka Jesus onxida.qa,
   U wo, Jesus cciya.

3. Mazaska kin heca cin xni,
   Timataya on ni un ;
   Jesus kida on ayupte,
   Jesus he waonxida.

4. Jesus makakijc cin de,
   Watonwe kta ce, eya ;
   Unkan wancake tonwe ça,
   On Jesus ihakam un.

5. Unkan oyate yatanpi,
   Qa okxan oyakapi ;
   Wopida tanka rince cin
   Nakaha iyewaye.

6. Jesus, tona tonwanpi xni,
   Naron wicawaye kta ;
   Kinhan iyurpa upi kte,
   Qa iyuxkinpi kta ce.

---

## 109. *America.*

Woyutc wanice,
Wicaakiran ce ;
   Terike rin.
Maka wakicamda,
Woyute wakaga ;
Wamnaheza ota kta,
   On imduxkin.

## HALLE. 7's. 6 Lines.  GERMAN

TENDERLY.

In this calm im - pres - sive hour
God of mer - cy, · God of pow'r,

Let my pray'r as - cend on high; }
Hear me, when to thee I cry: } Hear me from thy

lof - ty throne, For the sake of Christ thy Son.

120

**110.** *Hanranna.* 7ˢ. *Halle.*

1. Wi hinape xni exta,
Cekiya waun kta ce;
Taku wan waonxida,
Taku wan waxaka he;
Jesus he Nicinkxi kin
On anamayagoptan.

2. Niye rin sdonmayaya,
Qa awanmayadaka;
Wowaxte nitawa he
On iyuxkinmayan ye;
Qa iyoyanpa wakan
On iyoyammayan wo.

3. Ohinni maka akan,
Niye rin Initancan;
Tankaya onitanin
On icekiya waun;
Wanna owanca yaun,
Owanca niyatanpi.               s. r. r.

---

**111.** *Rtayetu.* 7ˢ. *Halle.*

1. Wanna rtayetu heon,
En ozikiya waun;
Woyatan, wocekiye,
On iyuxkinmiçiye;
Jesus he Wanikiya,
Niye onximada ye.

2. Woartani, woyazan,
Woiyokixica ko,
Hena wowiyuxkin xni,
Hena on terika ce:
Jesus he Wanikiya,
Niye onximada ye.

3. Wowaonxida waxte,
Wowaxte nitawa kin,
Woasni unyaqupi,
Hena on ciyatan kte:
Jesus he Wanikiya,
Niye onximada ye.               s. r. r.

## 112.  *Happiness.*

1. Jesus tona oran
   Wacinyan yukanpi,
   Toranpi on tanyan unpi kte :
   Jesus wacinciya,
   Onximakida wo,
   Mitawacin waxake xni ce.

2. Woniya Wakan kin
   On mayuteca wo,
   Wanna wicacida kin heon,
   Wowiyuxkin maqu ;
   Nicaje kin waxte
   On ciyaonihan kta wacin.

3. Wicoran wakan kin
   On ihdurica po ;
   Jesus hecen unkipanpi ce ;
   U miye owasin,
   Unkidowanpi kte ;
   Jesus ecedan wakan waxte.

4. Jesus taokiye
   Marpiya kin ekta,
   Wicaho teca on yatanpi ;
   Unkiyepi on ţe
   Cin he unyatanpi ;
   Jesus ecedan wakan waxte.

---

## 113.  *" The happy land."*

1. Makoce wan waxte,
   Tehan wankan ;
   Wicaxt' oran waxte.
   Hen najinpi.
   Ohinni dowanpi,
   " Jesus ni unkiyapi,"
   Eyaya yatanpi,
   Ohinniyan.

2. Tona nayaroupi.
   Upo, upo ;
   Makoce waxte he
   Ekta upo.
   Tohan ekt' unkipi
   Jesus Itancan nici,
   Tanyan unnipi kta,
   Ohinniyan.

3. Owasin heciya
   Iyuxkinpi,
   Nakax woartani
   Wanica ce ;
   Wicoie xica,
   Wicotawacin xica,
   Nakun wowayazan
   Wanice kta.

4. Tona taku waxte
   Yacinpi kin,
   Makoce pi kin he
   Akitapo.
   Jesus Itancan kin,
   Waxte yadapi kinhan,
   Tanyan yanipi kta,
   Ohinniyan.         T. S. W.

# INDEX OF TUNES.

# INDEX OF FIRST LINES.

www.ingramcontent.com/pod-product-compliance
Lightning Source LLC
Chambersburg PA
CBHW030617270326
41927CB00007B/1212